세계 시민 수업
빈곤

세계 시민 수업 ⑥

빈 곤

풍요의 시대, 왜 여전히 가난할까?

윤예림 글 | 정문주 그림

차 례

수업을 시작하며 6

01 빈곤을 보는 새로운 눈
다양한 얼굴을 가진 빈곤 12
점점 더 기울어지는 불평등한 세상 18
빈곤은 '정의'의 문제예요! 23
꼬마 시민 카페 세계가 만일 100명의 마을이라면 28

02 식민지 역사가 만든 빈곤
세상에서 가장 아름다운 인도 면직물 32
식민지로 전락한 인도의 슬픈 운명 34
다국적 기업, 몬산토가 만든 식민지 38
씨앗을 빌려드려요 43
꼬마 시민 카페 우리나라 씨앗은 안전할까? 48

03 국가의 잘못된 정책이 만든 빈곤
갈 곳을 잃은 브라질 파벨라 사람들 52
누구를 위한 올림픽일까? 55
돌고 도는 올림픽의 무시무시한 저주 61
우리는 올림픽을 거부합니다 64
꼬마 시민 카페 올림픽은 정말 비싸요 68

04 세계화와 자유 시장이 만든 빈곤

진흙 쿠키를 먹는 아이티 사람들 72
왜 미국 쌀을 먹을까? 75
커피 대신 마약을 심는 농부들 79
파차마마의 놀라운 실험 83
꼬마 시민 카페 날씨가 따뜻해지면, 커피가 사라져요 88

05 경제 발전과 성장이 만든 빈곤

깨끗한 물은 우리에게 사치예요 92
물이 상품이라고요? 95
세계 물 시장은 누구 손에 있을까? 100
물을 지켜 낸 우루과이 사람들 104
꼬마 시민 카페 공기 한 캔에 얼마예요? 108

06 빈곤을 없애기 위해 우리가 할 일

세계화 시대, 공정 무역에 관심을 갖고 참여해요 112
국가의 잘못된 정책을 막는 '시민 교육'을 해요 117
역할극 게임으로 다른 사람의 입장을 이해하는 걸 배워요 123
꼬마 시민 카페 '지속 가능한 발전 목표', 우리 모두의 꿈! 130

수업을 마치며 132

 수업을 시작하며

'빈곤'이란 무엇일까요?

유난히 뜨거웠던 어느 해 여름, 한 시민 단체에서 '최저 생계비로 한 달 나기' 캠페인을 벌였어요. 최저 생계비는 가난한 국민이 다른 사람 도움을 받지 않고 건강하게 살 수 있도록 국가가 정한 최소한의 비용이에요. 국가 보호가 절실한 가난한 국민들에게는 '생명줄'이나 다름없지요. 당시 우리나라에는 150만 명의 사람들이 최저 생계비를 받고 있었는데 최저 생계비가 현실을 제대로 반영하지 못했다는 거센 비난이 있었어요. 이에 실제 그러한지를 알아보려고 '최저 생계비로 한 달 나기' 캠페인이 일어났지요.

이 캠페인에 청년 소연이 참가했어요. 소연은 초등학교 6학년 희망이와, 보험 설계사인 희망이 어머니와 150만 원이 채 안 되는 3인 가족 최저 생계비로 한 달을 살아야 했는데, 쉽지 않았어요. 월세를 내고 나니, 수중에는 77만 원이 남았어요. 당장 식비부터 문제였어요. 최저 생계비에서 3인 가구 한 끼 식비는 3,500원으로, 한 사람당 1,166원으로 식사를 해결해야 했어요. 편의점에서 삼각 김밥 한 개

밖에는 살 수 없는 돈이었지요. 빠듯하기는 교육비도 마찬가지였어요. 3인 가구 한 달 교육비는 4만 9,844원으로, 초등학생 10명 중 7명이나 학원에 다니지만, 희망이에게 학원은 사치였어요. 하지만 희망이 엄마는 집에 아이를 혼자 둘 수 없어 결국 영어 학원에 보내기로 했어요. 학원비로 초과 금액 12만 5,156원이 발생했어요. 게다가 체험 당시 최저 생계비에는 휴대폰 사용료가 빠져 있었어요. '가난한 사람들에게 휴대폰은 사치품이야!'라고 생각하는 국민들이 여전히 많았기 때문이에요. 그런데 희망이네는 한 부모 가정으로 휴대폰은 부모가 일하는 동안 아이를 챙길 수 있는 유일한 수단이에요. 결국 세 사람 휴대폰 사용료 14만 2천 원이 생활비에 추가됐어요.

소연과 희망이네는 체험을 하는 동안 하루도 빠짐없이 일했고, 쇼핑은 물론, 고기를 구워 먹거나 영화관에 가지도 않았어요. 여름이라 연료비도 안 들었고, 아픈 사람이 없어 다행이었어요. 하지만 소연의 '최저 생계비로 한 달 나기' 캠페인은 성공했을까요? 안타깝게도 결과

는 실패였어요. 매일 허리띠를 졸라 매면서 힘들게 버텨 봤지만, 체험이 끝났을 때 16만 3,551원의 적자가 발생했어요. 체험을 끝낸 소연은 "하루하루가 고통이었어요. 최저 생계비는 현실과 너무 동떨어져 있거든요. 당장 오늘 쓸 돈을 걱정하느라 미래를 위한 저축은 꿈도 꿀 수 없어요."라고 말했지요.

희망이네 이야기를 읽고 '더 열심히 일해서 돈을 벌면 되잖아?' 혹은 '아프리카에는 못 먹고 죽는 사람도 많은데 그에 비하면 나은 거 아니야?'라고 생각할 친구도 있을 거예요.

하지만 빈곤은 개인의 게으름 탓도 아니고, 단지 먹고사는 문제만을 뜻하지도 않아요. 더운 여름에도 선풍기 없는 낡은 집에서 살고, 생계를 위해 대통령 선거도 포기한 채 일터에 나가고, 몸이 아파도 병원에 못 가고, 하루하루 먹고살기에 바빠 멋진 미래를 꿈꿀 자유마저 빼앗기는 상황이 바로 빈곤이에요. 이제 빈곤은 최소한의 인간다운 삶을 살 수 없는 상황을 말해요. 그래서 경제적 의미에 사회, 문화, 정

치적 의미까지 포함해서 살펴야 하지요.

오늘날 빈곤은 '개인이 열심히 일해서 해결할 문제'가 아니에요. 이 책에 나오는 사람들 이야기를 읽으면, 아무리 열심히 일해도 가난에서 벗어나지 못하는 공통점을 발견할 거예요. 개인 노력과 열정만으로는 뛰어넘을 수 없는 '사회 구조'와 '경제 구조'란 높은 장벽이 그들 앞에 버티고 있으니까요. 지금부터 우리는 빈곤을 만드는 구조를 살피고 빈곤 문제를 해결하기 위해 우리가 할 수 있는 일이 무엇인지 함께 고민할 거예요. 그럼 빈곤에 감춰진 진짜 이야기를 찾아 떠나 볼까요?

빈곤을 보는 새로운 눈

2000년도에 국제 사회는

세계에서 빈곤을 퇴치하자고 약속했어요.

현재 그때보다 세계 경제 규모는 2배 이상 증가했고,

배고픔에 목숨을 잃는 사람의 숫자도 절반 이하로 줄어들었어요.

이런 속도라면 빈곤은 곧 사라질 거라고 한껏 기대를 모았지요.

그런데 세상이 부유해진다고,

세상 모든 빈곤이 사라질 수 있을까요?

사람들은 오늘날 그 어느 때보다도 빈곤 문제가 심각해졌다고 말해요.

불평등도 심해졌고요. 왜 그럴까요?

다양한 얼굴을 가진 빈곤

캄보디아 수도 프놈펜에는 거대한 쓰레기 산이 있어요. 쓰레기가 얼마나 많이 쌓여 있는지 하루 종일 쓰레기 태우는 검은 연기가 난다고 해서 '스모키 마운틴'이라 불리는 곳이지요. 코를 찌르는 쓰레기 냄새에 파리 떼들이 윙윙 소리를 내며 날아다니고, 날카로운 유리 조각이 곳곳에 널려 있지만, 10대 소년 티라는 오늘도 아침 일찍 쓰레기 산에 올랐어요. 자신의 몸집만 한 커다란 봉지를 들고 말이에요. 티라는 왜 쓰레기를 줍는 걸까요?

"먹을 음식이 없거든요. 그래서 학교도 그만두고 아침부터 저녁까지 쓰레기 더미에서 먹을거리를 찾아야 해요."

쓰레기로 배를 채우는 사람들의 상황은 얼마나 좋지 않은 걸까요? 세계의 빈곤 퇴치를 위해 설립된 세계은행은 하루에 1.90달러조차 사용하지 못하는 경우를 가리켜 '절대적 빈곤'이라고 해요. 잘사는 나라에서든, 못사는 나라에서든 우리 돈 2,000원 정도 되는 돈으로는 생명을 유지하기 어려우니까요. 이렇게 기본적인 의식주조차 해결하지 못해 절대적 빈곤에 처한 사람은 전 세계에 10명 중 1명이나 있어요.

　절대적 빈곤에 빠진 사람을 보고 어떤 사람들은 '그 나라 날씨가 너무 더워서 그래.' 또는 '게을러서 열심히 일하지 않거든.'이라고 단정해요. 하지만 그건 사실이 아니에요.

　오늘날 절대적 빈곤에 처한 대다수의 나라는 과거 강대국의 침략으로 오랜 기간 식민지를 겪었거나, 욕심 많은 지도자가 국가의 소중한 자원을 함부로 사용해 가난해졌어요. 이런 나라의 국민들은 굶주리지 않으려고 아침부터 저녁까지 부지런히 일을 했는데도 말이에요.

　그런데 빈곤 문제는 가난한 나라만의 문제일까요? 전 세계는 지금 빈곤 문제로 골치를 썩고 있어요. 가난한 나라에서뿐만 아니라 잘사는 선진국에서도 빈곤 문제가 심각한 문제로 떠오르고 있거든요.

　"도저히 음식을 씹을 수가 없어요."

　미국에 사는 소녀 제이다는 어금니 6개가 썩었어요. 엄마는 제이다를 위해 음식을 잘게 잘라 주지만, 그마저도 앞니로 씹어 삼켜야 해요. 고통스러워하는 제이다에게 부모가 해 줄 수 있는 거라고는 어린

이용 진통제를 발라 주는 것뿐이에요. 왜 치과에 안 가냐고요? 국가가 의료 보험을 운영하는 우리나라와 달리 미국은 기업이 의료 보험을 운영해요. 그래서 의료 비용이 매우 높아요. 치과 치료로 몇 백만 원을 낼 수 없던 제이다는 결국 치료를 포기했어요. 제이다처럼 세계에서 가장 부유한 나라인 미국에서 의료 혜택을 받지 못한 아이들은 5명 중 1명이나 돼요.

"햇빛이 드는 집에 살고 싶어요."

우리나라 대학생 하은은 서울에 있는 학교를 다니느라 학교 근처 지하 단칸방에 자리를 잡았어요. 하은은 적지 않은 월세를 내느라 공부 시간을 쪼개며 일주일에 20시간이 넘도록 아르바이트를 하고 있어요. 지친 몸을 이끌고 좁은 방에 누워 미래를 생각하면 눈앞이 깜깜하기만 해요. 이렇게 주거 문제로 고민하는 건 하은만이 아니에요. 햇빛이 안 들고, 통풍이 안 되고 치안이 열악한 곳에 살거나, 공간이 매우 비좁고, 높은 주거비로 주거 빈곤에 빠진 청년이 우리나라에 10명 중 3명이나 된답니다.

"아이가 자꾸만 살이 쪄서 고민이에요."

영국인 조수아의 5살짜리 아들 윌리엄은 또래 아이들보다 체중이 많이 나가요. 많이 먹어서 살이 찐 거냐고요? 영국에서 조수아의 수입으로는 과일이나 생선처럼 영양도 풍부하고, 맛도 좋은 식품을 살 수가 없어요. 냉동식품, 햄버거, 감자튀김처럼 칼로리와 지방이 높은 값싼 음식만 살 수 있지요. 이처럼 영국에서 비싼 식비를 감당하지 못해 비만과 과체중에 시달리는 빈곤층 아이들은 10명 중 4명이나 돼요. 전문가들은 비만인 어린이가 장차 어른이 되면 당뇨병, 심장병과 같은 성인병에 시달릴 가능성이 높다고 경고하고 있어요.

"고등학교에 다니고 싶지만, 어쩔 수 없지요."

일본에 사는 센조는 곧 중학교를 졸업해요. 반 친구들은 모두 고등학교 진학을 결정했지만, 센조는 취업하기로 마음먹었어요. 공립이어서 수업료를 내지 않아도 되지만, 교복도 사야 하고 교통비 그리고 식비를 생각하면 부담이 되어서요. 누군가가 도와줬으면 좋겠지만, 센조 주변에 도와줄 형편이 되는 사람이 없어요.

"반 아이들이 무슨 이야기를 나누는지 궁금해요."

인천에 사는 12살 민수는 스마트폰이 없어요. 스마트폰 가격이 너무 비싸서 맞벌이를 하는 부모에게 사 달라는 이야기를 꺼내기가 쉽지 않거든요. 그런데 새 학기가 시작되자 민수 반 친구들은 단체 '톡' 방을 만들었어요. 그런 데다 민수는 요즘 유행하는 인터넷 게임도 해 보지 못해서 친구들 대화에 좀처럼 낄 수가 없어요. 우리나라 국민 10명 중 9명이 인터넷을 자유롭게 사용하지만, 소외 계층에서는 10명 중 6명만 인터넷 사용이 가능하지요.

앞에 소개된 다섯 사람은 모두 '상대적 빈곤'을 겪고 있어요. 상대적 빈곤은 절대적 빈곤에서는 벗어나 생명을 유지하는 데에는 문제가 없지만, 그 사회를 구성하는 대다수 사람들보다 가난하게 생활하는 것을 의미해요. 국민 모두를 소득 기준으로 한 줄로 세웠다고 상상해 봐요. 만약 중간에 있는 사람이 한 달에 500만 원을 번다고 하면, '상대적 빈곤'에 처한 사람은 한 달에 500만 원의 절반인 250만 원 아래로 돈을 번다는 뜻이에요. 1993년에 우리나라에서 상대적 빈곤에 처한 사람 비율이 8.2%였는데, 2016년에는 14.7%로 크게 증가했어요. 예전보다 가난한 국민이 많아졌다는 의미지요.

상대적 빈곤은 잘사는 사람과 못사는 사람이 가진 부의 차이가 클수록 더 많이 느껴요. 이스라엘에서 상대적 빈곤에 처한 국민의 비율은 20%가 넘어요. 반면, 소득 수준이 이스라엘보다 낮은 체코는 5.8%밖에 안 돼요. 국민들 간 빈부 격차가 크지 않다는 뜻이지요.

국가가 아무리 부유해도 그 부를 소수만 누린다면 대다수 사람들은 가난하다고 느낄 거예요. 그래서 빈곤은 가난한 나라만이 아닌, 잘사는 나라의 문제가 되는 거예요.

어떤 사람들은 '굶어 죽기도 하는데, 휴대폰을 사용하면서 가난하다는 게 말이 되냐!'며 목소리를 높여요. 하지만 그건 빈곤의 기준이 우리가 사는 시대에 따라 끊임없이 변한다는 것을 모르기 때문이에요.

불과 10년 전만 하더라도 휴대폰은 사치품이었지만, 이제는 사람들과 어울려 살아가는 데 필수품이 되었어요.

빈곤을 단지 의식주를 해결하지 못하는 문제로만 바라보면 많은 것을 놓치게 돼요. 사람은 빵만으로 살아갈 수 없어요. 학교에서 공부하며 꿈을 키우고, 새로운 친구들을 사귀고, 시민으로서 책임을 다하며 살아가야 해요. 이제는 빈곤 문제를 이야기할 때 이 시대의 '인간다운 삶'을 기준으로 이야기해야 해요. 그래야 빈곤의 진짜 모습을 볼 수 있어요.

점점 더 기울어지는 불평등한 세상

"지난 15년 동안 지구촌 시민 10억 명이 절대적 빈곤에서 벗어났습니다. 이런 추세가 계속된다면 절대적 빈곤은 30년 안에 해결될 수 있을 것입니다."

2000년에 국제 사회는 2015년까지 세계의 빈곤을 절반으로 줄이자는 '새천년개발목표'를 세웠어요. 그리고 2015년, 노르웨이 오슬로에서 유엔은 지난 15년 동안 모두가 힘써 온 결과, 절대적 빈곤이 반으로 줄어들었다고 밝혔어요. 역사상 가장 성공한 빈곤 캠페인이었다고 말이에요.

분명 세상은 발전하고 있어요. 지난 50년 동안 세계 인구가 두 배로 늘어난 사이, 식량 거래량은 무려 9,700배가 늘어났고, 48세에 불과했던 기대 수명은 71세로 연장됐어요. 다른 나라로 여행을 떠나는 사람들 숫자도 40배나 늘어났어요.

사람들은 세상이 부유해지면, 언젠가 인류도 빈곤에서 해방될 거라고 기대를 모았어요. 하지만 세계의 부가 늘어난다고 해서 지구상에 있는 빈곤 문제가 영원히 사라지기는 쉽지 않아요. 부의 크기는 늘어났지만 늘어난 부가 공평하게 나눠지지 않는 사회라면 누군가는 계속해서 빈곤할 테니까요.

"월스트리트를 점령하라!"

2011년 9월, 분노에 찬 미국 청년들의 외침에 세계는 놀라지 않을 수 없었어요. 세계에서 가장 부유한 나라인 미국에서도 부의 상징인 뉴욕 월스트리트에서 시위가 벌어졌으니까요. 월스트리트는 세계 경제를 주무르는 증권 거래소와 은행이 몰려 있는 거리예요. 이곳에서 청년들은 몇 주간 노숙 생활을 이어 가며 시위했어요. 시위대는 도대체 무슨 이야기를 하고 싶었던 걸까요?

"부유한 사람은 더 부유해지고, 가난한 사람은 더 가난해지고 있습니다. 부유층의 탐욕으로 나머지 사람들이 정당한 몫을 받지 못하기 때문이죠."

미국 청년들을 분노하게 만든 원인은 다름 아닌 '빈부 격차'였어요. 2008년, 미국에는 경제 위기가 터졌어요. 금융 기관들이 돈을 더 많이 벌려고 집을 구매할 능력이 없는 사람들에게도 무리하게 대출을 했어요. 하지만 집값이 떨어지고 이자가 오르면서 대출금을 갚지 못하는 사람들이 늘어났어요. 대출을 해 준 금융 기관들 역시 하나 둘 파산하기 시작했어요. 결국 미국 정부는 금융 기관들을 구하려고 엄청난 양의 세금을 퍼부어야 했어요.

하지만 정작 이 위기의 원인으로 지목됐던 금융 회사들은 보너스를 나눠 갖느라 정신이 없었어요. 경제 위기가 터지면서 일자리를 잃고

고통스러운 삶을 살아가는 사람들의 수는 계속 늘어났는데도 말이에요. 미국 청년들은 금융 기관의 무책임함과 제대로 감독을 하지 않은 정부에 불만을 갖고 시위를 벌였어요.

  시위 소식은 소셜 미디어를 타고 빠르게 퍼져 나갔어요. 아무리 열심히 일해도 빈곤에서 벗어나지 못해 절망에 빠진 전 세계 청년들의

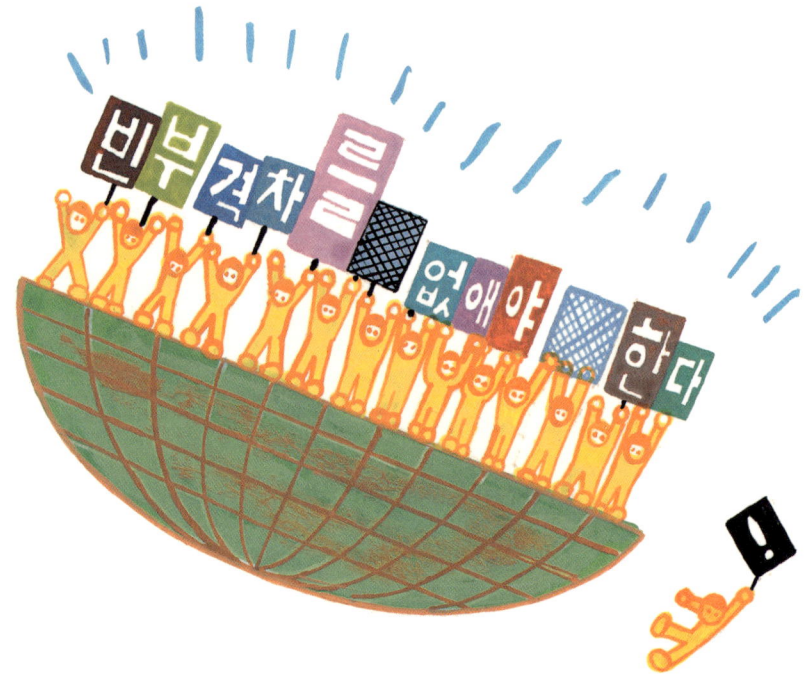

마음에 불을 지폈지요. 시위대는 10월 15일을 '국제 행동의 날'로 정했어요. 이날 우리나라를 포함한 82개 국가의 900개가 넘는 도시에서 사람들이 거리로 나왔어요. 20만 명이 모인 이탈리아 로마에서는 시위대와 경찰이 충돌했고, 일본 도쿄에서는 부자 동네로 알려진 롯폰기에서 시위가 벌어졌어요. 오세아니아의 호주, 뉴질랜드는 물론 아프리카의 남아프리카 공화국에서도 빈부 격차를 없애야 한다는 구호가 울려 퍼졌어요. 빈부 격차를 해결하지 않고는 건강한 세상을 만들 수 없다는 메시지가 전 세계로 퍼져 나갔지요.

시위에 참여한 청년들은 하나같이 세계가 평평하지 않고, 한쪽으로 기울어졌다고 말했어요. 그렇다면 세상은 얼마나 불평등할까요? 영국의 국제 구호 단체인 옥스팜은 얼마 전 충격적인 보고서를 세상에 내놓았어요.

"전 세계 상위 1% 부자들이 가진 재산이 나머지 99%의 재산을 합친 것보다 많아졌습니다."

2015년에 세계에서 가장 부자 집단인 상위 1%가 소유한 재산이 전 세계 부의 절반을 넘어섰어요. 이 말은 나머지 99%가 가질 수 있는 몫이 그만큼 줄어들었다는 뜻이에요. 게다가 문제는 부를 가진 자와 갖지 못한 자의 간격이 그 어느 때보다도 빠르게 벌어진다는 거예요. 2010년의 경우, 하위 50%에 해당하는 36억 명의 재산이 최상위 부자

388명이 가진 금액과 비슷했어요. 그런데 2013년에는 그 숫자가 92명으로 줄더니, 2015년에는 62명으로 더 줄었어요. 이런 추세라면 멀지 않은 미래에 손가락으로 꼽힐 만큼 소수의 사람이 세계의 재산을 차지하게 될 거예요. 그럼 세상은 지금보다 더 가파르게 기울어지겠지요.

세계의 빈부 격차는 왜 이렇게 극단적으로 벌어진 걸까요? 상위 1%의 사람이 나머지 99%가 가진 능력보다 뛰어나기 때문일까요? 아니면 누구보다도 성실하기 때문일까요?

오늘날 빈곤은 세계의 경제 체제, 사회 구조와 긴밀하게 관련되어 있어요. 신자유주의 세계화로 전 세계를 무대로 사업을 하는 다국적 기업은 여러 나라를 상대로 큰돈을 벌었지만, 가난한 국가와 가난한 사람들은 자국 내 산업을 발전시키지 못하고, 오히려 큰 빚을 져야만 하는 상황에 처했어요.

미국 오바마 전 대통령은 한 인터뷰에서 이렇게 말했어요.

"세상은 과거 어느 때보다 풍요해졌지만, 사회는 불안과 불만으로 얼룩져 있습니다. 우리는 세계화가 가져오는 불평등을 인식하고, 소수가 아닌 모든 사람을 위한 경제 구조를 만들도록 노력해야 합니다. 그러기 위해서는 누구나 부지런히 일하면 잘살 수 있다는 믿음을 회복해야 합니다. 신뢰가 사라진다면 발전은 지속될 수 없을 테니까요."

1%가 모든 것을 차지한 세상에서 우리는 더 나은 세상을 상상할 수 없어요. 열심히 공부하고 일하면 자신이 바라던 꿈을 이룰 수 있는 사회에선 누구나 멋진 미래를 위해 노력할 거예요. 그러나 아무리 노력해도 가난에서 벗어날 수 없는 사회라면 꿈을 포기하는 사람이 늘어날 거예요.

열심히 일하는 데도 먹고살기가 힘든 사회, 하고 싶은 일을 꿈조차 꿀 수 없는 사회, 어떤가요. 빈곤 문제는 가만히 내버려 둘 수 없겠지요. 우리 모두 책임감을 갖고 빈곤 문제를 해결하는 일에 적극적으로 참여해야 해요.

빈곤은 '정의'의 문제예요!

땅거미가 내려앉아 어둑어둑해질 때쯤 초라한 몰골을 한 남자가 프랑스 어느 골목을 지나고 있었어요. 쌀쌀한 날씨에 양말도 신지 않고, 낡은 옷을 걸친 그의 모습에 사람들은 눈살을 찌푸렸지요. 굶주린 배를 채우고, 지친 몸을 잠시 쉬게 하려 여관방을 찾아 헤맸지만, 여관 주인들은 굳게 문을 닫아 버렸어요. 그의 손에 쥐어진 노란색 통행증 때문이었어요.

'장발장은 19년 형을 살고 석방된 죄수로 가택 침입과 절도죄로 5년 형을 받았으나, 네 번의 탈옥 시도로 14년 형이 추가 선고된 위험 인물임.'

장발장은 7명의 배고픈 조카들을 먹이려고 빵 한 덩어리를 훔친 죄로 19년이라는 긴 시간 동안 징역형을 살아야 했어요. 물론 장발장이 남의 물건에 손을 댄 죄는 부인할 수 없어요. 하지만 아무도 왜 그가 빵을 훔쳐야만 했는지 묻지 않았어요. 장발장은 왜 빵을 훔쳐야 했던 걸까요?

그가 살았던 시대의 프랑스는 그야말로 혼란 그 자체였어요. 비싼 물가에 사람들은 먹거리를 구할 수 없었고, 길거리는 누더기를 걸친 부랑자들로 가득했어요. 낭만의 도시 파리는 굶주림의 상징이었지요. 1789년, 사람들은 '자유, 평등, 박애'를 외치며 프랑스 혁명을 일으켰어요. 모든 것을 기적적으로 바꿔 줄 거라 믿었던 프랑스 혁명이었지만 사람들은 여전히 가난에 허덕였어요. 일자리는 구하기가 어려웠고, 물가는 걷잡을 수 없을 만큼 치솟으면서 빵 한 덩어리조차 살 수 없었지요. 굶주리는 조카들이 불쌍했던 장발장은 결국 남의 물건에 손을 댄 것이에요.

장발장 이야기는 소설에만 있는 게 아니에요. 2011년 이탈리아에서 현대판 장발장이라고 불릴 만한 사건이 발생했거든요. 로만 오스트리아 코프는 슈퍼마켓에서 5,000원 가량의 치즈와 소시지를 훔치다 경찰에 체포됐어요. 그는 감옥에서 6개월을 살고, 벌금으로 100유로를 내야 했어요. 하지만 여러 번의 재판 끝에 그에게 무죄 판결이 내려졌어요. 그 이유는 무엇이었을까요?

"노숙자가 살기 위해 소량의 음식을 훔친 것은 범죄에 해당하지 않습니다. 당장 음식을 먹지 않으면 생명을 유지할 수 없었으므로, 피고의 행위는 어쩔 수 없다고 판단할 수 있습니다."

이탈리아 대법원의 판결은 특별한 의미가 있어요. 사람들은 보통 '열심히 일하지 않아서 가난한 거야.' 또는 '개인이 노력해서 빈곤을 벗어나야 해.'라고 생각해요. 이러한 생각은 빈곤을 개인 문제로 바라보기 때문이에요. 반면 이탈리아에서 내려진 판결은 빈곤을 다른 시각에서 보고 있어요. 잘못된 사회 구조가 빈곤을 가져오는 원인이라는 것이지요. 빈곤 문제를 해결하는 데 있어서 개인 노력만큼이나 사회 책임도 크다는 거예요.

사회 구조가 빈곤을 가져온 사례는 우리나라에서도 찾아볼 수 있어요. 1997년에 시작된 우리나라 외환 위기를 들어 봤죠? 나라 경제가 어려워져서 국제 은행에 돈을 빌려야 했었는데, 이때 수많은 실업자가 생겨났어요. 하루아침에 일자리를 잃은 사람들은 집을 떠나 공원이나 역, 또는 버려진 건물 안에서 생활하는 노숙자가 되었어요. 한 노숙자 아저씨 이야기를 들어 보세요.

"서울 신촌에 있던 중국집에서 10년이 넘도록 일했어요. 그런데 외환 위기 때, 재료 값은 올랐는데, 손님이 줄어서 가게를 닫아야 했어요. 다른 일거리를 찾아보려고 했지만, 저를 받아 준 곳은 없었어요."

아저씨는 주말도 쉬지 않고 열심히 일하며 살았대요. 하지만 외환

빈곤은 정의의 문제

위기를 맞으며 일자리를 잃고, 가족 모두 뿔뿔이 흩어져 살아야 했죠. 일자리를 구하며 돌아다니던 아저씨는 수중에 가진 돈이 떨어지자 결국 서울역 대합실을 찾아야만 했어요. 그렇게 거리에서 사는 노숙자가 된 거예요.

외환 위기가 있기 전에는 노숙자 수가 약 1,000명 정도였는데, 외환 위기와 함께 그 수가 6,000명으로 늘었어요. 이를 계기로 우리나라에서도 사회 구조가 만드는 빈곤에 관심을 갖고, 약자를 보호하는 정책을 실시하기 시작했어요.

빈곤은 정의의 문제예요. 사람들은 가난을 없애려고 경제 발전을 이루고, 지금보다 더 많은 돈을 벌어야 한다고 말해요. 하지만 돈이 많아진다고 모든 문제가 해결될 수 있을까요? 사회가 아무리 부유해져도 부가 공평하게 나눠지지 않고, 개인의 노력이나 책임과 상관없이 빈곤의 나락으로 떨어질 수 있는 사회는 결코 정의롭다고 말할 수는 없어요. 그렇기에 그 사회가 얼마나 공정한지 알아보려면, 빈곤을 어떤 눈으로 바라보는지, 가난한 사람들을 어떻게 대하는지를 살펴봐야 해요.

빈곤을 없애기 위해 필요한 건 돈이 아니에요. 빈곤을 만들어 내는 사회 구조에 관심을 기울이고, 지금보다 공정한 세상을 만들겠다는 강한 의지가 무엇보다 중요합니다.

 꼬마 시민 카페

세계가 만일 100명의 마을이라면

지구에는 75억 명의 사람들이 살고 있어요.

하지만 같은 날 같은 시간에 태어난 사람이라도 누군가는 자신의 미래를 위해 마음껏 공부할 수 있지만, 누군가는 꿈을 포기한 채 가족의 생계를 위해 종일 일해야만 해요. 누군가는 포근한 침대에서 달콤한 잠에 빠질 수 있지만, 누군가는 비가 오면 물이 뚝뚝 떨어지는 좁고 딱딱한 바닥에 누워 쪽잠을 자야 해요.

이처럼 우리가 사는 세상이 모두에게 공평한 것은 아니에요.

75억 명이 사는 지구를 100명이 사는 마을로 축소시킨다면 어떤 모습일까요?

19명은 영양 부족에 시달리고

1명은 기아로 목숨을 잃어요.

전기를 사용할 수 없는 사람은 15명이나 있어요.

배불리 먹을 수 있는 사람은 30명이지만, 50명은 항상 음식 걱정에 시달려야 해요.

집이 없어 불안에 떨어야 하는 사람은 33명이나 있어요.

대학에 다닐 수 있는 사람은 겨우 7명이래요.

깨끗한 물을 마시지 못하는 사람은 10명이고

화장실이 없거나 위생 상태가 나쁜 화장실을 사용하는 사람은 33명이나 돼요.

식민지 역사가 만든 빈곤

18세기 산업 혁명이 시작되면서

유럽 국가들은 본격적으로 식민지를 개척하기 시작했어요.

제품을 만드는 데 필요한 원료를 착취하고, 자기 나라 물건을 팔기 위해서였어요.

당시, 유럽 몇몇 나라가 지구 면적의 50%가 넘는 곳에 식민지를 세웠어요.

세상에서 가장 아름다운 면직물을 만들기로 유명했던 인도 역시

오랜 기간 영국에 식민 지배를 당하며 나라 경제가 기울고 국민들 삶이 피폐해졌어요.

그런데 영국 식민지에서 벗어난 지 몇 십 년이 지난 오늘날에도

인도 농민들은 가난에서 벗어나지 못하고 있어요.

그 이유가 무엇일지 함께 알아볼까요?

세상에서 가장 아름다운 인도 면직물

"자자, 여기 방금 인도에서 건너온 면직물이 있습니다. 빨강, 노랑, 파랑, 초록색까지 여러분들이 찾는 모든 색이 있습니다. 누가 입어도 아주 잘 어울립니다. 이제 얼마 남지 않았습니다. 구매를 원하는 상인들은 서둘러 주세요!"

런던 중심가에 막 인도에서 수입한 면직물 경매 시장이 열렸어요. 인도산 면직물이 판매된다는 소식에 영국 상인은 물론 주변 국가에서 건너온 도매상들로 시장은 발 디딜 틈이 없었지요.

인도산 면직물은 유럽인들을 매료시켰어요. 유럽에서는 옷을 만들 때 주로 울이나 실크를 사용했는데 무겁고, 빨래도

쉽지 않았을 뿐더러 색깔을 입히면 금방 물이 빠져 버려 관리가 아주 번거로웠어요. 하지만 인도산 면직물은 달랐어요. 굉장히 가볍고 세탁도 간편했어요. 디자인도 사람들 마음을 쏙 빼앗을 만큼 화려했어요. 면직물 위에는 반짝거리는 은실로 수가 놓아져 있었고, 장인들이 직접 그려 넣은 그림도 있었어요. 게다가 색깔은 얼마나 다양한지, 인도 각 마을의 고유한 빛깔을 담은 색이 그 종류만 해도 100가지가 넘었어요.

"역시, 인도산 면직물만 한 건 없다니까요."

1700년경이 되면서 런던 거리는 인도산 면직물의 알록달록한 색으로 물들어 갔어요. 처음에는 몇몇 사람들에게만 인기를 끌었지만, 귀족들이 인도산 천으로 드레스를 만들어 입고 다니면서 인도산 면직물은 불티나게 팔려 나갔어요. 한번 유행이 번지기 시작하자 아름다움을 뽐내는 데 인도산 면직물만큼 좋은 물건은 없다고 말할 정도였지요.

인도산 면직물 중에서 최고 인기 상품은 모슬린이었어요. 모슬린은 속이 훤히 들여다보일 정도로 투명하고 가벼운 게 특징이라 사람들이 공기를 엮어 짰다고 할 정도였어요. 얼마나 인기가 좋은지 5년 만에 금 7톤과 은 24톤이 영국에서 인도로 빠져나갔어요. 인도산 면직물이 세계 시장에서 인기를 끌면서 인도의 직물 노동자들 삶 또한 매우 풍요로워졌지요.

하지만 영원할 것만 같았던 인도의 면직물 산업은 가파르게 기울기 시작했어요.

식민지로 전락한 인도의 슬픈 운명

영국과 프랑스, 스페인 등의 유럽 강대국은 15세기 말부터 풍부한 자본과 군사력으로 세계 곳곳에 식민지를 만들었어요. 식민지는 나라의 주권을 다른 나라에 빼앗기고, 착취를 당하는 지역이에요.

유럽 강대국이 세계 곳곳에 식민지를 만든 건, 자기네 나라 산업에 필요한 원료를 식민지로부터 약탈하고, 자기네 물건을 다른 나라에 팔기 위해서예요. 식민지가 된 나라들은 유럽 강대국에게 금과 은과 같은 자원을 빼앗겼고, 국민들마저 노예로 팔려 나갔어요. 식민지 주민들이 땀 흘려 지은 농작물은 턱없이 낮은 가격에 팔렸고, 유럽 강대국의 물건은 턱없이 높은 가격에 식민지 주민들에게 팔았어요. 이러다 보니 식민지가 된 나라 주민들은 아무리 열심히 일해도 가난과 굶주림에서 벗어날 수가 없었어요.

한때 유럽에서 면직물로 인기를 끌던 인도 역시 식민지의 슬픈 운명에서 벗어날 수는 없었어요.

영국에서 인도산 면직물이 불티나게 팔리자, 영국 직물 노동자들의 불만이 쌓였고, 영국 정부는 인도산 면제품에 70~80%의 세금을 부과해 가격을 비싸게 만들었어요. 또, 인도산 면직물을 구매하거나 판매할 경우, 많은 양의 벌금을 내도록 했어요. 그러자 인도의 면직물 산업은 조금씩 쇠퇴해 갔지요.

반면 영국은 산업 혁명으로 기계가 발명되면서 더 쉽고 빠르게 실을 뽑아낼 수 있었고, 공장에서 대량으로 면직물을 만들면서 판매 가격도 낮아졌어요. 영국은 인도의 독특한 무늬를 모방한 면직물을 여러 대륙에 판매했고, 면직물 산업으로 큰돈을 벌어들였어요.

하지만 영국 식민지가 된 인도의 운명은 뒤바뀌었어요. 영국 면직물과 가격 경쟁에서 밀린 인도는 면직물 수출국에서 목화 수출국으로 변해 버렸지요. 영국은 면직물 제작에 필요한 원료인 목화를 저렴하게 얻으려고, 쌀과 밀이 자라나던 인도의 비옥한 땅을 새하얀 목화밭으로 바꾸어 버렸어요.

목화는 인도 사람들의 식량 주권을 빼앗았어요. 식량 주권은 농민들이 자신이 원하는 농작물을 원하는 방법으로 재배할 수 있는 권리를 의미해요. 식민지가 되기 전, 인도 농민들은 자신의 땅에서 재배한 식량으로 먹고사는 데 문제가 없었지만, 목화를 심으면서 굶주릴 수 있다는 두려움에 떨어야 했어요. 목화 가격은 영국 손에 달려 있었는

데, 목화 가격이 낮게 책정될 경우 그 돈으로 식량을 구매할 수 없었지요. 농민들은 식량을 재배할 때보다 더 많은 시간을 목화밭에서 보내야 했어요. 인도인들의 삶은 점점 더 고달파졌어요.

　식량 주권을 빼앗긴 인도가 치러야 했던 대가는 어마어마했어요. 1876년에서 1878년 사이에 대기근이 발생하면서 무려 700만 명이 넘는 사람들이 굶어 죽었거든요. 영국이 인도를 지배한 기간 동안, 수천만 명의 인도 사람들이 배고픔에 목숨을 잃었어요. 하지만, 영국은 자신들에게는 책임이 없다고 발뺌했어요. 대기근이 발생한 건 인도의 열악한 기후 때문이라면서요. 물론 농사를 지으려면 적절한 시기에 비가 내려야 해요. 하지만 정말 기후 탓만일까요? 아니에요. 인도를 위기로 몰았던 진짜 이유는 영국이 만들어 놓은 잘못된 경제 구조에 있어요. 영국은 인도 사람들에게 식량 대신 목화를 심도록 강요했어요. 가뭄이 들면 인도 사람들은 목화 농사를 망쳤고, 식량을 살 돈조차 벌 수 없었지요. 그런데 슬프게도 대기근 당시 인도에는 농민들을 기아에서 구해 낼 수 있을 만큼의 식량이 저장되어 있었다고 해요. 하지만 모두 영국으로 수출됐어요. 그 양은 무려 80kg짜리 쌀 한 포대가 363만 개나 되는 양이었지요.

　1947년 8월 15일, 인도는 드디어 식민지를 끝내고 자유를 되찾았어요. 인도 사람들은 이제 세계 시장에 물건을 내다 팔아 돈을 벌어

일자리를 만들고, 국민들의 삶을 풍요롭게 만들 거라는 큰 꿈을 꿨어요. 강대국과 동등한 목소리를 낼 수 있을 거라고 희망했어요.

하지만 쉽지 않았어요. 식민지를 당하는 기간 동안 탄탄했던 인도 경제 구조가 무너졌고, 국민들을 위해 사용되어야 할 소중한 자원이 낭비됐기 때문이에요. 게다가 먹지 못하는 목화를 재배하느라, 인도 사람들은 식량 주권마저 빼앗겨, 매년 배고픔을 걱정해야 하는 처지가 됐으니까요. 그렇다면 영국이 물러간 지 70년이 넘은 오늘날, 인도는 가난에서 벗어났을까요?

다국적 기업, 몬산토가 만든 식민지

2015년, 햇볕이 뜨겁게 내리쬐는 어느 오후였어요. 수십 명의 사람들이 도로 한쪽에 큰 행렬을 지으며 터벅터벅 먼지 속을 걸어갔어요. 걷는 내내 북과 피리 소리가 끊이질 않았지만, 웃음을 짓고 있는 사람은 그 누구도 없었어요. 넓은 공터에 다다르자, 마을 청년들은 나무를 차곡차곡 쌓아 올린 후 하얀 천으로 감싸 있던 산제이를 내려놓았어요. 사람들은 목화 농부였던 그의 마지막 길을 배웅하고 있던 거예요.

산제이 몸에 불이 옮겨 붙기 시작하자, 산제이 아내인 우샤는 친구를 부둥켜안고 소리를 내어 울기 시작했어요. 그녀 손에는 남편이 남긴 마지막 편지가 들려 있었어요.

'사랑하는 아내에게, 먼저 이 세상을 떠날 수밖에 없어서 정말 미안하오. 오랜 기간 동안 누구보다 성실히 목화 농사를 지어 왔는데 이제는 더 이상 버틸 수가 없소. 빚을 갚느라 땅도 팔아 버려서 이제는 희망이 없소. 미안하오.'

초점 없는 눈빛으로 우샤는 이야기했어요.

"도대체 얼마나 많은 농부가 목숨을 잃어야 이 문제가 해결될까요?"

인도에서 우샤와 산제이 이야기는 낯설지 않아요. 목화 농사 때문에 큰 빚을 지고 세상을 떠나는 농부 이야기는 인도 곳곳에서 들려오기 때문이에요. 특히 마하라시트라주의 비다르바 지역은 예로부터 목화가 많이 생산되는 지역으로 '목화 벨트'로 불려 왔어요. 하지만 이제는 '자살 벨트'로 불려요. 2013년부터 지금까지 3,000명이 넘는 농부가 세상을 떠났거든요.

인도는 전 세계에서 두 번째로 많은 목화를 생산하고 있어요. 이렇게 많은 양을 생산하면 농부들이 먹고사는 것 정도는 걱정하지 않아도 될 것 같지만, 목화 농부들은 점점 더 살기가 버겁다고 이야기해요. 대체 왜 그럴까요?

목화는 기르기에 여간 까다로운 작물이 아니에요. 목화명나방, 연지벌레, 진딧물과 같은 벌레와 끊임없이 싸워야 하기 때문이지요. 과거에는 해충을 없애려고 천연 약재를 사용했고, 땅의 기운을 북돋아 주려고 다른 작물과 돌려 가면서 농사를 지었어요. 하지만 목화를 대량 재배하느라 농약을 사용하면서부터 상황은 달라졌어요. 한동안 주춤했던 벌레들이 살충제에 내성이 생겨 다시 늘어났거든요.

이때 세계에서 가장 큰 씨앗 기업인 몬산토가 개발한 'BT목화'가 슈퍼맨처럼 등장했어요. BT목화에는 BT균이 들어 있어서, 농약을 사용하지 않고도 벌레들의 공격을 막아 낼 수 있다는 것이 몬산토 설명이었지요.

"우리는 최신 기술을 통해 전 세계에 있는 농민들을 돕고 있습니다.

더 많이 생산하고, 더 비용을 아껴 농민들의 삶을 풍요롭게 만듭니다."

 몬산토는 자신들의 제품을 사용하면 농산물 수확이 증가해 수입이 늘어나고, 화학 제품을 사용하지 않아도 돼 비용을 줄일 수 있다고 열심히 광고를 했어요. 목화 수익이 줄어 머리가 아팠던 농부들은 빚을 내어 가면서 몬산토 씨앗을 구매했지요. 곧, 인도 목화 경작지의 96%에서 BT목화가 재배되기 시작했어요. 그런데 농부들이 겪은 현실은 몬산토의 달콤한 이야기와는 너무나 달랐어요.

 "예전에는 목화 100kg당 100달러를 받았는데, 이제는 50달러밖에 받지 못해요. 이렇게 낮은 가격은 제 인생에 처음입니다. 살충제에 비료, 그리고 BT목화 가격은 계속 오르고 있는데 이렇게 목화 가격이 계속 떨어지면……."

목화 농부인 무랄리 디카르는 한숨을 푹푹 내쉬었어요. 높은 소득을 보장해 줄 거라는 기대와 달리, 자꾸만 빚이 늘어났기 때문이에요. BT목화는 일반 목화보다 최대 8배나 비싸요. 하지만 살충제를 따로 구매하지 않아도 된다는 이야기에 농부들은 무리하면서까지 유전자 변형 목화를 구매했어요. 그런데 BT목화에도 내성이 생긴 벌레들이 생기면서 상황이 바뀌었어요. 이 벌레들을 없애려면 살충제를 사야 했으니까요.

BT목화의 문제점은 이뿐만이 아니에요. 토종 목화 씨앗은 때에 따라 내리는 비만으로도 충분히 재배가 가능하지만, 유전자 변형 목화는 잘 크려면 안정적으로 물을 댈 수 있는 관개 시설이 꼭 필요해요. 그런데 비에 의존해 농사를 짓는 인도에는 관개 시설이 충분하지 않았어요. 결국 비가 제때 내리지 않으면 목화가 말라 버려 일 년 농사를 망칠 수밖에 없었고, 빈곤에 빠져 버린 농부는 자살이라는 극단적인 선택을 하고 있어요.

BT목화의 추악한 실체를 알게 된 인도 농부들은 뒤늦게 토종 목화 씨앗을 찾기 시작했어요. 그러나 인도 씨앗 시장을 몬산토가 장악해 버리는 바람에 토종 씨앗을 사러 시장에 가도 도저히 구할 수가 없게 됐어요.

몬산토가 인도에 건설한 씨앗 식민지의 모습은 인도가 영국의 식민지였던 200여 년 전과 크게 다르지 않았어요. 식민지에서 해방된 인도가 몬산토라는 거대한 식량 기업에 씨앗 주권을 빼앗긴 채 여전히 고통스러워하기 때문이에요.

　세계의 빈곤과 굶주림을 해결하기 위해서는 식량을 상품이 아닌 권리로 보려는 노력이 필요해요. 그러나 돈이 있어야만 씨앗을 구매하는 오늘날, 농부들은 점점 더 가난해지고 있어요.

씨앗을 빌려드려요

　'농민은 굶어 죽더라도, 씨앗을 베고 죽는다.'는 옛말이 있어요. 아무리 배가 고파도 다음 해에 뿌릴 씨앗을 남겨 두는 일이 무엇보다 중요하다는 것이지요. 수천 년 전부터 인류는 한 해 농사가 끝나면 튼튼한 씨앗을 선별해 창고에 넣어 두었어요. 하지만 이제 농부들은 선진국에서 개발해 판매하는 씨앗을 구매해 농사를 지어요. 농민들 손에 있어야 할 씨앗을 기업이 빼앗아 갔기 때문이에요. 매년 비싼 돈을 주고 씨앗을 사야 하는 오늘날, 씨앗을 되찾아 올 방법은 없는 걸까요?

　캐나다에서 물리학 박사 학위를 마친 반다나 시바는 생명 공학을 주제로 하는 회의에 참석하고 있었어요. 회의에는 세계 여러 나라에서 온 학자들과 각국에서 파견된 정부 관료, 그리고 비료와 농약을 만들어 파는 선진국의 농업 기업들도 함께 참석하였지요. 반다나 시바도 조용히 자리에 앉아, 참가자들의 발표에 귀 기울이고 열심히 필기하고 있었어요. 그때였어요. 다국적 농업 기업에서 온 발표자의 목소리가 들렸어요.

"씨앗을 아무나 사용할 수 없도록 지적 재산권으로 등록해야 합니다."

이 이야기를 듣는 순간, 반다나의 마음에서 무언가가 꿈틀거렸어요.

'농민들로부터 씨앗을 빼앗는다고? 씨앗은 인류 공동의 자산인데

어떻게 기업이 빼앗아 간다는 거지? 씨앗의 자유 없이는 인간의 자유도 없다고! 인도에 돌아가면 가장 먼저 씨앗을 지켜야겠어.'

반다나는 유명한 과학자가 될 수도 있었지만 농부가 되어 씨앗을 지키기로 결심했어요. 그러고는 1991년, 비영리 단체인 '나브다냐'를 설립해 인도에 씨앗 은행을 만들었어요. 씨앗 은행에는 인도의 땅에서 오랜 시간 자라 온 토종 씨앗을 보관할 수 있는 시설이 있었어요. 그녀의 용기에 박수를 보내는 사람들만큼이나, 그녀가 거대한 선진국과 다국적 기업의 힘을 어떻게 이겨 낼 수 있을지 우려하는 목소리도 컸어요. 20년이 훌쩍 지난 지금, 씨앗 은행은 인도에 어떤 변화를 가

져왔을까요?

"나브다냐를 만난 건 정말 큰 행운이에요. 그동안 토종 씨앗은 꿈도 꿀 수 없었는데 말이죠. 올해 농사가 정말 풍년이죠?"

농장을 가득 메운 농작물을 바라보며 59세 농부 타쿠르 다스는 흐뭇한 웃음을 지어 보였어요. 그의 농장에는 쌀, 밀, 옥수수와 콩이 자라고 있었어요. 타쿠르는 2002년, 씨앗 은행에서 토종 씨앗을 빌려 농사를 지었어요. 씨앗 대출에는 한 가지 조건이 있었어요. 화학 비료와 농약을 사용하지 않고 친환경적인 방법으로만 작물을 재배해야 한다는 거였어요. 타쿠르는 전통적인 농사 방법에 따라 해마다 다른 종류의 작물을 교대로 돌려 짓거나, 한 공간에 한 종류의 작물이 아닌 여러 종류의 씨앗을 동시에 심었어요. 처음에 타쿠르는 '화학 비료가 없이 농작물이 잘 자랄 수 있을까?' 걱정이 앞섰지만, 더 이상 큰 빚을 지고 싶지 않았기에 한번 나브다냐의 말을 믿어 보기로 했어요.

그 결과는 놀라웠어요. 생산량이 두 배로 증가했거든요. 농산물의 맛은 더 좋아졌고, 무엇보다 열매의 크기도 크고 신선했어요. 그만큼 수익도 증가했지요.

물론 씨앗 은행도 은행이다 보니, 씨앗을 대출하면 이자가 붙어요. 자신이 은행에서 빌린 씨앗의 양에 25%를 추가해 다른 농부들에게 씨앗으로 돌려줘야 한다는 게 조건이었지요. 다른 농부에게 씨앗을 나누는 활동은 자연스레 토종 씨앗을 알리는 데 기여하고 있어요. 그 결과, 인도 전역에는 111개의 씨앗 은행이 생겨났고, 6,000종이 넘는 토종 곡물, 목화, 야채 씨앗을 보존할 수 있게 됐어요.

"만약 씨앗과 땅이 농민의 손에 있다면 세상은 더 이상 굶주리지 않을 것입니다."

씨앗 나누기 캠페인으로 수십만 명의 농민에게 새로운 희망을 안긴 반다나가 말했어요.

오늘날 씨앗 은행은 전 세계로 퍼져 나가고 있어요. 호주에 있는 '시드세이버스 네트워크'는 온라인을 통해서 토종 씨앗을 심는 사람들을 서로 연결해 주고, 씨앗을 지키는 일이 왜 중요한지 내용을 담아 자료로 배포하고

있어요. 브라질의 '바이오나투르'는 물론 우리나라에서도 토종 씨앗을 지키기 위한 운동이 점차 확대되고 있어요.

빼앗긴 씨앗을 되찾으려는 지구촌 시민들의 저항이 멈추지 않는 한, 농업 기업은 이 전쟁에서 결코 승리하지 못할 거예요.

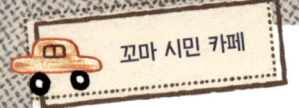

우리나라 씨앗은 안전할까?

우리나라는 씨앗 전쟁에서 자유롭다고 할 수 있을까요?

1997년 경제 위기 이후, 국내 씨앗 회사들이 해외 기업에 하나둘 팔려 나갔어요.

그래서 해마다 우리나라는 씨앗을 사용한 대가로 엄청난 돈을 몬산토와 신젠다, 사가타와 같은 다국적 종자 기업에 주고 있어요. 앞으로 씨앗을 지키지 못해 우리가 겪어야 하는 금전적 손실은 더 악화될지도 몰라요.

농림 축산 식품부는 2011년부터 2020년까지 지급될 사용료만 8,000억 원에 달할 거라고 예측하고 있어요. 우리 미래가 인도와 크게 다르다고 할 수 없어요.

게다가 유전자 변형 식품도 큰 문제예요. 2014년에 우리나라에 수입된 유전자 변형 식품은 무려 228만 톤이나 돼요. 동물들이 먹는 사료까지 포함하면 1,000톤이 훌쩍 넘지요.

그런데 유전자 변형 식품이 무엇인지 국민들은 알 수가 없어요. 유전자 변형 식품이 건강에 어떠한 영향을 미칠지 정확히 모르는 상황에서 우리 식탁 한가득 유전자 변형 식품이 오르는 것이지요.

이렇게 된 데에는 유전자 변형 식품을 표시하는 제도가 부족하기 때문이에요. 유럽 연합은 일찍부터 식품 표기를 실시해 왔고, 얼마 전에는 유전자 변형 작물 재배도 금지하기로 결정했어요. 러시아는 유전자 변형 식품을 만들지 않겠다고 선언했고요. 대만에서는 학교 급식에서 유전자 변형 식품을 퇴출하기로 결정했지요. 이러한 변화는 한순간의 기적처럼 발생하지 않았어요. 오랜 기간 유전자 변형 식품 표기의 중요성을 알리고, 이를 위해 싸워 온 소비자들과 시민 사회가 있었기에 가능한 일이었어요.

우리나라에서도 한살림과 아이쿱에서 유전자 변형 식품 완전 표기제를 위한 활동을 하고 있어요. 서명 운동도 있지요. 여러분은 우리의 식량이 어떠하기를 바라나요? 생각해 보고 나는 어떤 일을 할지 정해 보세요.

국가의 잘못된 정책이 만든 빈곤

빈곤을 해결하는 데 있어서 국가의 역할은 매우 중요해요.

국민이 낸 세금을 어디에 어떻게 사용하는지에 따라

국민들의 행복이 결정되기 때문이에요.

정부가 세금을 낭비하거나, 소수만을 위한 정책을 펼친다면

대다수 국민들의 삶은 어려워질 거예요.

반면 세금이 꼭 필요한 곳에 쓰인다면 빈부 격차를 줄일 수 있지요.

브라질 리우에 사는 수만 명의 시민들은

올림픽을 준비한다는 이유로 강제로 집을 빼앗겼어요.

전 세계적으로는 200만 명이 넘는 사람들이 살 곳을 잃었어요.

도대체 올림픽은 누구를 위한 축제일까요?

갈 곳을 잃은 브라질 파벨라 사람들

'탕탕탕, 드르릉, 쾅'

해가 막 떠오를 무렵, 펜하 아주머니는 시끄러운 소리에 그만 잠자리에서 깨고 말았어요. 대충 옷을 챙겨 입고는 집 밖으로 서둘러 나섰지요. 아주머니 눈에 들어온 건 200명이 넘는 건장한 경찰들이 총과 곤봉을 들고 선 모습이었어요. 경찰들 뒤로는 건물을 무너뜨릴 커다란 굴착기가 다가오고 있었어요.

"여기는 내 집입니다. 함부로 들어올 수 없어요. 어서 돌아가세요!"

아주머니의 큰 소리에 동네 주민들이 하나 둘 몰려들었어요. 집을 없애려는 경찰들을 막아 내려고 50명의 주민들은 서로의 손을 잡고

집 주변을 둘러쌌지요. 이때 마을 주민 한 명이 소리쳤어요.

"우리는 이곳에 거주할 권리가 있습니다. 정부가 무력으로 빼앗을 수는 없습니다!"

하지만 이내 경찰들이 다가오더니 최루액을 발사하기 시작했어요. 최루액이 눈과 코에 들어가자 극심한 고통이 몰려왔어요. 견딜 수 없었던 주민들은 주변에 있던 돌과 벽돌을 집어 던졌어요. 그 순간, 경찰들은 총을 꺼내 고무탄을 발사하고, 곤봉으로 주민들을 내려쳤어요. 그리고 이곳을 떠나지 않으면 체포하겠다고 고래고래 고함을 질렀지요. 마을은 순식간에 전쟁터로 변해 버렸어요. 언덕 위의 집들은 대부분 무너져 내렸고, 갈 곳을 잃은 가구와 주방 도구들이 길거리에 굴러다녔어요. 하지만 펜하 아주머니는 정부의 협박에도 싸움을 멈출

수 없었어요.

"저는 이곳에서 사는 것이 좋습니다. 제 행복의 가치에 돈을 매길 수는 없어요. 이곳에는 나의 역사와 뿌리가 있기 때문이에요. 저는 이 마을에서 23년이나 살았어요. 2주 동안만 진행하는 올림픽 때문에 내 삶을 포기할 수는 없어요."

몇 년 전까지만 해도 펜하 아주머니가 사는 오토드로모는 가난하지만 평화로운 어촌 마을이었어요. 600가구가 옹기종기 모여 함께 살고 있었거든요. 하지만 2016년 브라질 리우데자네이루 올림픽이 확정되면서 주민들은 자신들의 터전을 떠나도록 강요받았어요. 올림픽 공원으로 향하는 도로를 건설한다는 게 그 이유였지요.

갈 곳을 잃은 사람들은 오토드로모 주민들만은 아니었어요. 브라질 리우 시내에는 900개가 넘는 '파벨라'가 존재해요. 파벨라는 1970년대 일자리를 찾아 농촌에서 도시로 수많은 사람들이 이주하면서 생겨난 빈민촌이에요. 사람들은 파벨라에서 오랜 시간 삶을 일구었어요. 텅 비어 있던 땅에 집을 짓고, 자식들을 키웠지요. 그러나 2016년 리우 올림픽이 확정되면서 무려 7만 7천 명의 시민들이 집을 빼앗겼지요.

2016년 8월 5일, 브라질의 도시 리우데자네이루에서 화려한 개막식이 펼쳐졌어요. 개막식에서 파벨라의 모습도 쇼의 한 장면으로 나타났어요. 작은 공간에 다닥다닥 붙은 건물들 모습이 빨강, 노랑, 연두색으로 열정적이고, 아름답게 묘사됐지요. 하지만 그 어디에도 올림픽 때문에 집을 잃고 거리로 내쫓긴 주민들의 이야기는 찾아볼 수 없었답니다.

누구를 위한 올림픽일까?

"31번째 올림픽이 개최될 도시는 리우데자네이루입니다!"

국제 올림픽 위원회가 브라질 리우를 개최지로 선정했을 때, 수만 명이 모인 코파카바나 해변에는 하늘 가득 꽃가루가 날리고, 폭죽이 터졌어요. 사람들은 밤새 삼바를 추며 맘껏 기쁨을 나눴지요. 브라질에서의 올림픽 개최는 특별한 의미를 가지고 있었어요. 남미 대륙에서 최초로 열리는 올림픽이었고, 선진국으로 도약할 절호의 기회라고 여겼기 때문이에요.

사람들은 올림픽이 가져올 경제적 효과에 큰 기대를 했어요. 보통 올림픽을 치르려면 멋진 경기장과 숙소를 세워요. 그럼 도시 곳곳에서 경기장과 숙소를 지으려고 건설 회사는 사람들을 고용하고, 일자리를 얻은 사람들 주머니가 두둑해지면서 경제 활동이 활발해

질 거예요. 게다가 올림픽이 시작되면 외국인 관광객이 몰려들어 더 많은 돈을 벌어들일 수 있어요. 이렇게만 되면 브라질 경제 상황도 좋아지겠지요. 삶이 나아지리라는 브라질 사람들의 희망을 담아 리우 올림픽의 슬로건은 '새로운 세상'이었어요. 올림픽 개최 전, 리우 시장인 에두아르두 파이스는 한 강연회에서 올림픽에 대한 기대를 한껏 드러냈어요.

"리우의 미래는 부자와 가난한 사람 모두가 함께 걷는 방향으로 나아가야 합니다. 사람들이 자유롭게 이동할 수 있도록 저렴하고 깨끗한 교통 시설을 만들고, 가난한 파벨라 지역에는 보건과 교육 시설을 확충해 올림픽의 혜택을 모두가 누릴 수 있도록 만들겠습니다."

파이스 시장의 강연이 끝나기도 전에 청중들은 큰 박수를 보냈어요. 그런데 파이스 시장의 말대로 브라질 올림픽 개최로 모두가 행복한 새로운 세상을 만들었을까요?

리우에서 가장 큰 바하다티주카 해변에 고층 아파트가 들어섰는데 그 규모가 얼마나 큰지 31개의 높은 건물에는 3,600가구가 살 수 있었어요. 아파트 단지 안에는 아이들이 마음껏 뛰어놀 수 있는 놀이터와 최고급 스포츠 시설까지 없는 것이 없었어요. 또한, 최신 보안 시설로 안전을 걱정할 필요도 없었지요. 그런데 이 호화로운 고층 아파트가 어디에 지어졌냐고요? 바로 파벨라 사람들이 살던, 오토드로므 지역이에요. 정부는 파벨라 사람들을 집에서 내쫓고 이곳에 커다란 고층 아파트 단지를 짓도록 허가했어요. 그뿐만이 아니에요. 가난한 파벨라 사람들의 집은 공항, 철도, 스포츠 경기장을 짓고, 도시를 아름답게 꾸민다는 이유로 철거되었어요. 시민들은 정부가 시민이 아닌 부동산 개발업자의 이익을 위한다며 정부를 비판했어요.

쫓겨난 파벨라 사람들에게는 두 가지 선택이 주어졌어요. 3,000만 원 정도의 이주 보상금을 받고 다른 지역으로 옮기거나, 정부가 만든 공공 주택으로 이사하는 것이었지요. 파벨라 사람들은 점점 더 도시 중심부에서 멀어져 갔어요.

정부가 제공한 이주 보상금으로는 도시 외곽의 낡은 집밖에 구할 수 없었어요. 삶이 어렵기는 공공 주택으로 옮긴 사람들도 마찬가지였어요. 최근 공공 주택으로 옮겨 온 레스토랑에서 일

하는 27살 클레이톤이 말했어요.

"주변에 음식을 살 만한 곳도 마땅치 않고, 아이들이 놀 장소도 없어요. 게다가 시내에 나가려면 너무 많은 시간이 걸려요."

리우시는 올림픽을 계기로 18%에 불과했던 대중교통 이용률을

63%까지 늘려, 도시 외곽 지역에 거주하는 저소득 노동자들이 가장 큰 혜택을 받도록 하겠다고 약속했어요. 도시 외곽 지역에 있는 사는 시민들은 뛸 듯이 기뻐했지요. 하지만 올림픽이 개최되기 전부터 대중교통 계획은 삐걱댔어요.

리우시는 대중교통을 확장하는 데 수십 억을 투자했지만, 실제로 혜택은 소수의 부자에게만 돌아갔기 때문이에요. 리우시에서 야심차게 내세운 버스 전용 차선은 부자 동네인 남부를 중심으로 뚫렸어요. 반면 빈민촌이 몰려 있는 북부 지역에서 도심으로 나가는 버스 노선은 오히려 줄어들었어요. 가난한 지역에 사는 시민들은 예전보다 출퇴근 시간이 늘어나 버렸지요. 결국 부자 동네는 올림픽 혜택을 받았지만, 가난한 사람들이 자유롭게 이동할 권리는 줄어들었어요.

또한, 정부가 올림픽에 예산을 과도하게 쓰면서 복지 혜택이 줄어든 것도 큰 문제였어요. 이에 불만을 가진 시민들은 길거리로 뛰어나와 정부 정책을 비난했어요.

"올림픽에 사용하는 예산은 운영비가 없어 문을 닫은 병원을 위해 써야 합니다."

"정부는 아이들 교육을 포기했습니다. 수업 중에 사용할 종이와 펜은 교사가 직접 사야 할 정도로 현재 상황이 열악합니다."

도시 안전을 책임지는 경찰관과 소방관들은 몇 개월째 임금을 받지 못했어요. 경찰차에 넣을 기름은커녕, 화장실 휴지마저 부족할 정도였는데 정부는 책임지지 않았어요. 결국 올림픽을 앞둔 얼마 전, 세계인들의 눈을 의심할 만한 시위가 그것도 외국인들이 브라질로 들어오는 공항에서 벌어졌어요. "지옥에 오신 것을 환영합니다."라는 팻말과 함께요. 브라질 올림픽은 모두가 불안한 눈으로 지켜보는 가운데 개최되었지요.

올림픽을 개최하고 브라질 리우는 계획한 대로 경제 발전을 이루었을까요? 아니에요. 올림픽을 준비하면서 리우시는 브라질 일 년 교육 예산과 맞먹는 어마어마한 돈을 썼어요. 하지만 올림픽 개최 후에 리우시가 기대할 만한 경제적 성과는 이뤄지지 않고 리우시는 35조의 빚을 안으며 결국 파산을 선언했어요. 브라질 시민들의 손에는 큰 빚만 남겨졌어요.

브라질 시민들은 리우 올림픽을 '소외된 게임'이라고 불러요. 가난한 사람들을 쏙 빼놓은 반쪽짜리 축제였으니까요. 화려한 올림픽은 막을 내렸지만, 브라질 국민들이 그토록 소망했던 새로운 세상은 오지 않았어요.

돌고 도는 올림픽의 무시무시한 저주

1988년, 대한민국 방방곡곡에서 올림픽 공식 주제가인 '손에 손잡고'가 울려 퍼졌어요. 세계에서 가장 가난한 나라 중 하나였던 대한민국이 부자 나라들만 할 수 있다는 올림픽을 개최하게 됐거든요. 국민들의 자부심은 대단했어요. 올림픽 공식 주제가처럼 한마음 한뜻으로 올림픽을 척척 준비해 나갔지요. 그렇다고 모두의 손을 잡은 건 아니었어요.

"굴착기가 무작정 밀고 들어왔어. 옥상에 있는 된장, 고추장 항아리까지 있는 대로 다 부셔 버렸지. 심지어 애들이 방 안에서 자고 있었는데 집을 무너뜨리더라고."

서울 올림픽이 개최되기 일 년 전, 서울시 노원구 상계동에 살던 주민들은 집에서 쫓겨났어요. 수많은 외국인 관광객이 찾아오는 올림픽 때, 판자촌의 존재가 알려진다면 서울의 이미지를 해칠 수 있다는 게 이유였거든요. 열 대가 넘는 굴착기가 집을 부수고, 경찰들은 막아서는 주민들을 강제로 진압했어요. 건물들은 불에 탔고, 주민들이 사용하던 가재도구들은 바닥에 파묻혔어요.

오갈 곳이 없어진 상계동 사람들 중 일부는 경기도 부천에 있는 고속 도로변에 새로운 터를 잡았어요. 그러나 얼마 지나지 않아 이곳마저 떠나야 했어요. 올림픽 성화가 지나가는 길가였거든요. 갈 곳을 구하지 못한 사람들은 차가운 땅을 파내고 땅굴에서 10개월을 버텼어요. 성화가 지나가는 그 시각에도 혹 눈에 띌까 숨죽이고 모습을 감춰야 했지요. 가난한 사람들은 올림픽에 초대받지 못한 거예요.

당시 서울 올림픽을 계기로 약 72만 명의 사람들이 서울을 떠나야 했어요. 그리고 그들의 집이 파괴된 자리에는 4만 채가 넘는 고급 아파트가 들어섰어요. 이렇게 서울은 전보다 더 말끔해졌지요.

이런 비극은 브라질 리우나 대한민국 서울에서만 벌어진 건 아니었어요. 올림픽의 역사는 강제 철거의 역사나 다름없어요. 올림픽이 열리는 곳에서 가난한 국민들에 대한 정부의 폭력은 반복돼 왔으니까요.

1992년 스페인 바르셀로나 올림픽에서 2,500명의 소수 민족이 집을 빼앗겼어요. 1996년 미국에서 열린 애틀랜타 올림픽에서도 공공주택에 사는 가난한 흑인 3만 명이 도시 밖으로 쫓겨났어요. 2000년 그리스 아테네 올림픽에서도 2,700명의 소수 민족을 몰아냈어요. 2008년 베이징 올림픽에서는 무려 125만 명이 집을 빼앗겼어요. 베이징 올림픽은 '역사상 가장 잔인한 올림픽'으로 평가받았지요. 돌고 도는 올림픽의 저주, 언제쯤 사라질까요?

"왜 또 다시 올림픽을 개최해야 하는 겁니까?"

일본 도쿄에 사는 코헤이 지오 할아버지는 한숨을 쉬었어요. 1964년에 일본 도쿄 올림픽을 개최하며 경기장 건설로 할아버지 집과 가게는 부숴졌어요. 길고 지루한 법정 싸움을 이어 갔지만, 할아버지는 결국 공공 주택으로 이사를 가야 했어요. 이렇게 올림픽의 악몽이 끝나나 싶었지만 50년이 지난 지금, 할아버지는 올림픽 때문에 또다시 집을 잃

을 상황에 처해 있어요. 다시 도쿄에서 열릴 올림픽을 위한 경기장을 지을 땅이 필요하다는 이유였지요. 90세를 바라보는 코헤이 할아버지는 정부와 또 다른 싸움을 이어 갈 힘이 없었어요.

"다신 올림픽을 보고 싶지 않아요. 올림픽에 쓰일 돈은 쓰나미 피해로 고통받는 사람들에게 쓰여야 해요."

도시의 품격은 쭉 뻗은 도로나 웅장한 건물 또는 깔끔한 골목에서 나오는 게 아니에요. 가난한 사람들의 손까지 잡을 수 있는 포용력에 있어요. 우정과 화합을 위해 시작된 올림픽, 언제쯤 그 정신을 발휘할 수 있을까요?

우리는 올림픽을 거부합니다

헝가리 수도 부다페스트의 겨울바람은 유독 차가워요. 거리를 지나는 사람들은 두터운 외투를 껴입고, 털모자를 푹 눌러 쓴 채 서둘러 광장을 빠져나갔어요. 하지만 이렇게 을씨년스러운 날씨에도 사람들의 발길을 끄는 곳이 있었어요. 쌀쌀한 날씨에 코가 새빨갛게 변한 청년의 목소리가 들려오는 곳이었어요.

"시민 여러분, 올림픽을 개최하면 어마어마한 예산을 낭비하게 됩니다. 올림픽 유치에 반대하신다면 이 캠페인에 서명해 주시겠습니까?"

이 청년은 20대, 30대가 모여서 만든 정치 단체 '모멘텀 무브먼트'의 리더 언드라시 페케트 죄르였어요. 부다페스트시는 2024년 하계 올림픽 유치를 계획하고 있었어요. 이에 모멘텀 무브먼트는 올림픽 개최를 반대하는 '놀림피아' 캠페인을 진행하기로 했어요. 놀림피아는 반대를 의미하는 '노(NO)'와 '올림픽(Olympic)'을 합쳐 만든 이름이었어요. 이 캠페인의 목적은 올림픽 유치 경쟁에 뛰어들지 말지에 관해 정부가 단독으로 결정하지 말고, 국민 투표로 시민들의 의견을 물어보자는 것이었지요. 모멘텀 무브먼트는 올림픽 개최를 왜 국민 투표로 결정하자고 주장했을까요? 홍보를 담당하는 코르나노가 말했어요.

"올림픽 유치 경쟁에 사용될 수십억 달러의 돈은 꼭 필요한 곳으로 가야 해요. 이러한 돈은 헝가리의 빈곤을 퇴치하기 위해 건강 보험과 교육은 물론 투자가 필요한 지역에 사용돼야 합니다."

올림픽은 매우 비싼 축제예요. 부다페스트에서 개최될 경우 최소 11조를 써야 했는데, 이 돈은 헝가리 국내 총생산의 8%를 차지할 정도로 큰 비중을 차지했지요. 성공적으로 올림픽이 끝난다면 도시를 홍보하고, 경제적으로도 이득을 남길 수 있는 좋은 기회가 되겠지만,

손해를 볼 경우 국민들이 감당해야 할 고통이 커질 수밖에 없었어요.

하지만 정부의 결정을 철회하기는 쉽지 않았어요. 국민 투표를 실시하려면 13만 8천 명 이상의 반대 서명을 얻어야 했으니까요. 모멘텀 무브먼트는 부다페스트의 25개 지역에서 캠페인 부스를 열고 시민들을 설득해 나갔어요. 캠페인이 막 시작될 때만 해도 언론은 시민들 목소리에 귀를 기울이지 않았어요. 그러나 얼마 지나지 않아 모멘텀 무브먼트의 메시지는 빠르게 시민들의 마음을 얻어 갔어요. 1,800명의 시민들이 봉사 활동을 했고, 온라인에서는 7,000만 원에 가까운 후원금이 모였어요. 과연 캠페인은 성공했을까요?

"부다페스트 의회는 2024년 올림픽 유치 경쟁에 참여하지 않기로 결정했습니다."

 놀림피아 캠페인은 무려 26만 명의 서명을 받았어요. 짧은 기간 내에 보여 준 시민들의 높은 참여율에 결국 부다페스트 의회의 표결로 계획안은 취소됐어요. 큰 축제를 앞두고 국민들의 목소리가 하나로 모아지지 않는 상황에 부담을 느꼈기 때문이에요.

 이 캠페인이 성공하면서 정부는 이전보다 국민의 의견에 귀를 더 많이 기울이게 됐어요. 시민들은 국가의 운명을 결정하는 의사 결정 과정에 직접 참여했다는 뿌듯함을 느낄 수 있었어요. 시민 한 사람 한 사람의 참여가 만들어 낸 멋진 결과였기 때문이지요.

 물론 이런 결정에 반대하는 사람들도 있었어요. 헝가리 문화를 전 세계에 알리고, 국가에 대한 자부심을 느낄 수 있는 좋은 기회를 날려 버렸다고 말이에요. 이에 대해 언드라시는 이렇게 대답했어요.

 "핀란드는 모두가 우러러보는 최고의 교육 시스템을 구축했고 에스토니아는 전 세계에서 가장 좋은 온라인 정부 시스템을 가지고 있어요. 꼭 올림픽을 개최해야만 국가에 대한 자부심을 느낄 수 있는 게 아니에요. 장기적인 관점에서 국민 모두가 함께 잘살 수 있는 일에 투자해야 해요."

 헝가리는 소외되는 사람 없이 모두의 손을 잡는 길을 선택했어요. 헝가리의 몇 년 후 모습이 기대되지 않나요?

올림픽은 정말 비싸요

수만 명이 한 번에 들어갈 수 있는 경기장,

올림픽 선수촌과 전 세계인의 이목을 사로잡을 수 있는 개막식과 폐막식을

준비하다 보면, 올림픽은 생각보다 훨씬 더 비싼 축제라는 걸 알 수 있어요.

하지만 과연 올림픽에 지불하는 비용은 이것뿐일까요?

러시아 소치 동계 올림픽은 역사상 최악의 올림픽이라는 평을 받고 있어요.

올림픽을 준비하는 과정에서 돌이키기 힘든 환경 파괴를 낳았거든요.

여의도보다 8배가 더 큰 스키 점프 경기장과 활강 코스는 소치국립공원 내에

건설됐어요. 오랜 시간 숲을 지켜 왔던 나무들이 베어졌고,

붉은 사슴과 야생 곰이 따뜻하고 안전하게 겨울을 보내던 장소들이 사라져 버렸어요.

환경 문제로 국제 사회의 비난이 거세지자 러시아는 올림픽이 끝나면

사라진 나무 한 그루당 세 그루 이상의 나무를 심겠다고 발표했어요.

하지만 몇 백 년 동안 같은 자리를 지키던 나무들을 대신할 수는 없어요.

벌목이 진행되면서 토양이 훼손되고, 다양한 생명체들의 터전이 파괴되었어요.

숲에는 나무만 있는 게 아니라, 여러 동물과 곤충, 생물들이 살아가는 공간이니까요.

그런데 이러한 환경 파괴 문제는 올림픽이 개최되는 지역에서 계속 발생하고 있어요. 우리나라도 예외는 아니에요.

"가리왕산을 지켜야 합니다!"

2018년 평창 동계 올림픽 경기장을 건설하는 과정에서 정부와 환경 단체 사이에 갈등이 빚어졌어요. 활강 스키 코스를 만들려면 해발 800미터 이상이 필요한데, 그걸 충족시킬 수 있는 곳이 가리왕산에 있었거든요.

환경 단체는 500년이나 되는 원시림을 지켜야 한다고 주장했어요.

하지만 경기장 건설이 시작되면서 6만 그루의 나무들이 사라져 버렸어요.

평창 동계 올림픽은 훗날 사람들에게 어떤 올림픽으로 기억될까요?

04

세계화와 자유 시장이 만든 빈곤

세계는 점점 더 가까워지고 있어요.

인터넷만 있으면 전 세계 누구와도 쉽게 만날 수 있고,

클릭 한 번에 이 나라에서 저 나라로 엄청난 돈이 흘러가지요.

물건 역시 세계 곳곳을 여행하며 만들어지고 있어요.

사람들은 이야기해요.

"세계화, 그 자유로운 시장은 모두에게 부를 가져올 것입니다"라고요.

하지만 카리브해에 있는 아이티 공화국 사람들은

세계화와 자유 시장 무역이 삶을 위협하고 있다고 말해요.

과연 세계화와 자유 시장은 세계의 구원자일까요?

아니면 파괴자일까요?

진흙 쿠키를 먹는 아이티 사람들

"아주머니, 한 봉지만 담아 주세요."

아이티 공화국의 빈민가 시테 솔레일 시장에 사람들 발길이 끊이지 않는 노점이 있어요. 어떤 물건이길래 이렇게 인기가 좋으냐고요? 바로 진흙 쿠키예요. 보통 쿠키라고 하면 초콜릿이나 아몬드가 콕콕 박힌 달콤한 과자를 떠올리지만, 진흙 쿠키는 회색 빛깔의 납작한 쿠키예요. 아이티 사람들은 진흙 쿠키를 '본본떼'라고 부르지요. 이 쿠키는 어떻게 만들어질까요?

아이티의 사파테레 마을은 여러 세대가 함께 모여 진흙 쿠키를 만드는 곳으로 유명해요. 조셉 아저씨는 오늘도 삽을 들고 깊은 구덩이

안으로 들어갔어요. 햇빛도 들지 않아 어
두컴컴한 이곳은 아저씨가 종일 일하는
곳이에요. 쿠키를 만드는 데 가장 중요한
황토색 고운 진흙을 얻기 위해서지요. 아저
씨는 하루에도 몇 번씩 바구니에 돌을 담아 위
로 올려 보냈어요.

 바구니를 받는 건, 마을의 어린 소년들이에요. 아이들은 바닥에 쭈
그려 앉아 바구니에 담긴 돌을 잘게 부수는 일을 해요. 이 작업이 끝
나면 비로소 아저씨의 10살짜리 딸 베치나의 일이 시작되지요. 베치
나는 잘게 부순 진흙을 천 위에 올려놓고, 물을 뿌려요. 그러면 곱디
고운 진흙만이 천 아래로 빠져나와요. 기본적인 준비를 끝마치자, 소
녀는 엄마와 함께 본격적으로 쿠키를 만들었어요.

 "베치나야, 오늘 만들어야 할 쿠키가 많단다. 필요한 재료들을 가
지고 오렴."

 진흙 쿠키에는 부드러운 진흙, 소금, 마가린만 들어가요. 고운 진
흙에 소금, 마가린을 넣고 걸쭉해질 때까지 섞고 또 섞어요. 반죽이
다 끝난 후, 소녀는 엄마를 따라 한 숟가락씩 반죽을 떠내어 동그란
모양을 만들었어요. 이미 베치나의 팔과 다리는 진흙으로 뒤범벅이
됐어요. 얼굴과 머리에도 진흙이 튀어 엉망이 됐지만 힘든 내색조차

하지 않았어요. 쿠키가 바짝 마르면 엄마는 베치나와 함께 시장에 진흙 쿠키를 내다 팔아요.

맛도 영양가도 없는 진흙 쿠키, 사람들은 왜 계속 찾는 걸까요?

"배고프지 않으려면 먹어야 해요. 진흙 쿠키가 건강을 해치지만, 다른 선택권이 없거든요."

먹을 것을 구하지 못하는 사람들에게 진흙 쿠키는 유일하게 배를 채울 수 있는 식량이에요. 어떤 이들은 진흙 안에 몸에 이로운 영양가가 있다고 주장하기도 하지만, 전문가들은 건강을 해칠 수 있다고 경고하고 있어요. 기생충이나 중금속 중독은 물론 바이러스에 감염될 수 있기 때문이에요. 하지만 기아로 허덕이는 사람들에게 건강은 두 번째 문제예요. 배가 고파 진흙 쿠키를 먹을 수밖에 없는 아이티 사람들은 2명 중 1명이나 되거든요.

진흙으로 만든 쿠키를 먹는 것도 믿을 수 없는데 놀랍게도 불과 30년 전만 하더라도 아이티는 쌀을 수출하던 국가였다는 거예요. 아이티 농부들은 매해 농사를 지어 해외 시장에 쌀을 내다 팔아 돈을 구했고, 국민들은 아이티 땅에서 재배된 쌀로 굶지 않았었어요.

2008년, 입에 잔뜩 진흙 쿠키를 먹는 아이티 아이들 모습이 세상에 공개되자 전 세계 사람들은 놀라움을 감추지 못했어요. 도대체 누가 아이티의 쌀을 빼앗은 걸까요?

왜 미국 쌀을 먹을까?

"온 마을 주민이 슬픔에 잠겼습니다. 하지만 앞으로 이런 일은 반복해서 일어날 거예요. 사람들에게 더 이상 희망이 남아 있지 않거든요."

아이티에서 쌀농사를 짓던 몇몇 농부와 가족들은 배고픔을 도저히 견딜 수가 없었어요. 이들은 카리브해 북쪽에 있는 영국 영토인 터크스 케이커스 제도에서 새로운 삶을 시작하기로 마음을 먹었어요. 각 집에서 돈을 끌어모아 낡고 낡은 보트 한 척을 구매했지요. 바다를 절반쯤 건넜을 무렵, 보트는 파도를 이기지 못하고 뒤집혔고, 보트에 탄 60명이 세상을 떠났어요. 마을 사람들은 이 사고가 미국산 쌀 때문이라고 입을 모았어요. 아이티 농민들의 죽음과 미국산 쌀 사이에는 어떤 비밀이 숨어 있는 걸까요?

그 비밀을 파헤치려면 세계화부터 알아야 해요. 세계화는 여러 나라 사이에 교류가 많아지면서 세계 여러 나라를 이해하고 받아들이는 거예요.

세계화로 인한 눈에 띄는 변화는 국가 간 무역이 자유로워지면서 언제 어디서든 다른 나라 물건을 구할 수 있게 된 거예요. 그런데 세계화에서 가장 핵심적인 생각은 '신자유주의'예요. 신자유주의는 정부가 자국 산업을 보호하려고 실시했던 규제를 없애 버리고, 정정당당하게 다른 나라와 경쟁을 통해 자유롭게 무역을 해야 한다는 거예요. 그래야만 전체 무역 양이 늘어나, 가난한 나라도 부유해질 거라면서요.

아이티 역시 전 세계로 퍼져 나가는 신자유주의 정책을 피하지 못했어요. 신자유주의에 가장 크게 영향을 받은 건, 아이티 경제를 이끌던 쌀농사였지요. 선진국과 국제 금융 기구는 쌀 시장을 개방하라고 압박했어요. 아이티는 국내 쌀 시장을 보호하려고 수입된 쌀에 관세를 부과하고 있었거든요. 힘이 약한 국내 시장을 보호하기 위해서는 필요한 일이었어요. 아이티 정부는 미국 쌀이 시장을 장악하지 못하도록 미국 쌀에 관세를 붙여서 국내 시장에서 아이티 쌀보다 비싼 값으로 판매하게 했어요.

하지만 선진국의 압력에 수입 쌀에 부과하던 35%의 관세가 3%로 낮아졌어요. 그 결과 아이티 쌀은 수입 쌀보다 가격이 높아졌고, 더 이상 사람들이 찾지 않게 되면서, 생산량이 급격히 줄어들었어요.

이게 끝이 아니에요. 선진국은 개발 도상국들을 향해 자유로운 경쟁을 하자고 주장했지만, 보이지 않는 곳에서 자기네 농업 시장을 위한 보조금을 지급하고 있었어요. 개발 도상국 농민들을 지원하는 시민 단체인 글로벌 익스체인지는 이를 비난했어요.

"선진국과 국제 금융 기구는 보조금을 받는 미국 쌀을 수입하도록 아이티에 강요했습니다. 하지만 동시에 아이티 정부가 자국의 농민들에게 보조금을 지급하는 것은 금지시켰습니다."

그렇다면 미국은 자국 농민에게 얼마나 많은 돈을 지원하고 있을까요? 보조금은 일 년에 무려 4,300억 원이 넘어요. 이 금액은 미국 정부가 아이티 농업 발전을 위해 매년 기부하는 금액의 10배가 넘는 돈이지요. 처음부터 불공정한 게임이었던 거예요.

인구 1,000만 명이 조금 넘는 아이티는 미국에서 가장 많은 쌀을 수입하는 두 번째 나라가 됐어요. 아이티 쌀 시장의 80%를 미국 쌀이 장악하고 있어요. 쌀농사를 짓던 농부들은 물론, 무역업자와 방앗간에서 일하던 사람들 모두 일자리를 잃었어요.

미국 쌀을 먹는 시민들도 불안해진 건 마찬가지였어요. 미국 쌀에 전적으로 의존한 후로 미국에서 쌀 가격을 올리면 꼼짝없이 비싼 비용을 지불해야 할 처지가 됐으니까요. 쌀을 수입하는 데 많은 돈이 빠져나가면서 정작 아이티 국민들에게 필요한 학교와 병원을 세우거나 도로를 정비할 수도 없었어요.

그런데 2008년 전 세계에 식량 위기 문제가 불거졌어요. 아이티를 포함한 20개가 넘는 나라 농민들은 '배고프다'고 외치며 시위를 벌였어요. 하지만 쌀 시장을 빼앗긴 아이티 사람들이 할 수 있는 거라곤 허기를 채우려고 진흙 쿠키를 먹는 것뿐이었어요. 2010년에는 지진까지 발생하면서, 아이티는 이제는 다른 나라 도움 없이는 살 수 없는 세상에서 가장 가난한 나라가 되어 버렸지요.

커피 대신 마약을 심는 농부들

 매년 커피 수확기가 다가오면 흥겨운 노래 소리가 에티오피아 언덕 곳곳에서 울려 퍼졌어요. 커피 수확기는 마을 축제나 다름없거든요. 농부들은 한 손에 바구니를 감싸고, 한 손으로는 나무에 달린 검붉은 커피 열매를 땄어요. 하지만 앞으로는 이렇게 흥겹게 커피를 수확하는 모습을 찾아보기 어려울지도 몰라요.
 "몇 년 전까지만 해도 커피 1kg에 3달러를 벌 수 있었어요. 이 정도면 근근이 생계를 유지할 수 있었는데, 지금은 겨우 1달러를 받아요. 커피 생산자들이 어떻게 살 수 있겠어요?"
 커피 농부였던 아흐메트 무메의 표정은 어두웠어요. 결국 그가 찾은 해결책은 커피나무를 뽑은 자리에 식물성 마약인 카트를 심는 거였어요. 카트는 씨앗만 뿌려 놓으면 빠르게 자라 그 해에 바로 수확이 가능하고 커피보다 손이 덜 가서 인부를 고용하지 않고도 쉽게 키울 수가 있어요. 커피보다 세 배나 더 많은 수입을 올릴 수 있다는 것도 매력적이었지요.
 에티오피아 커피 농부들의 삶이 원래부터 이렇게 힘들었던 건 아니에요. 커피콩을 팔아 얻은 수익으로 아이들을 공부시킬 수 있었고, 먹고사는 데도 큰 문제가 없었어요. 하지만 최근에 커피를 포기하고 카트를 재배하는 농가의 숫자가 빠르게 능가하면서, 에티오피아 수출 수익의 70%를 차지하던 커피는 5년 만에 그 수확량이 절반으로 떨어졌어요. 이러한 추세가 계속 된다면 10년 안에 카트가 에디오피아에서 커피의 자리를 차지할 거라는 전망이 돌고 있어요.

점점 더 많은 커피 농부가 마약 재배에 뛰어드는 것은 무슨 이유일까요?

에티오피아 커피 농가의 빈곤 역시 신자유주의와 밀접하게 연결되어 있어요. 원래 커피 가격은 커피콩을 수확하는 농부와 커피를 마시는 소비자가 만들어 내는 공급과 수요의 원리로 결정됐어요. 매해 생산하는 커피콩 양에 따라, 그리고 소비자가 원하는 양에 따라 중간 지점에서 가격이 결정됐지요. 이 모든 게 가능했던 건 커피 생산국과 소비국이 힘을 합쳐서 만든 국제 커피 협회의 막강한 힘 때문이었어요. 협회는 커피콩이 한꺼번에 시장에 나오면 커피 가격이 떨어져 농부들에게 피해를 줄 수 있으니, 매년 생산량을 조절했지요. 이 시기 커피콩은 1kg당 2달러와 3달러 사이를 오갔어요. 누구나 열심히 농사를 지으면, 안정적인 수입을 기대할 수 있었지요. 커피 농부들의 삶은 그 어느 때보다도 평온했어요.

하지만 1989년에 미국이 자유 시장을 주장하며 협회를 탈퇴하자 상황은 뒤바뀌었어요. 이제 커피 가격은 미국 뉴욕과 영국 런던에 있

는 금융 시장에서 결정됐기 때문이에요. 무슨 말이냐고요?

커피를 마시는 사람들이 많아지면서 커피콩은 돈을 벌고 싶은 사람들에게 매우 인기가 좋은 투자 상품이 되었어요. 금융 투기꾼들은 그해 가뭄이나 비가 온다는 소문에 따라 돈을 이리저리 옮겼고, 그 결과, 커피 산업에는 엄청난 양의 돈이 한꺼번에 들어오거나 빠져나갔어요. 그러자 커피콩의 가격은 롤러코스터처럼 오르락내리락 심하게 흔들렸어요. 이렇게 예측할 수 없는 커피 거래 가격은 커피 농민들의 삶을 불안에 떨게 했어요.

커피콩을 재배하는 농장의 95%가 소규모예요. 대형 농장이라면 보유하고 있는 자금으로 갑작스러운 변화에 크게 영향을 받지 않고도 농장을 운영할 수 있어요. 하지만 소규모 농장을 운영하는 경우, 아주 적은 가격 변화에도 민감하게 반응해요. 커피콩 거래 가격이 원가 이하로 떨어질 경우, 생산비를 감당하지 못해 빚을 지기 때문이에요. 게다가 농장에 고용된 인부들에게 임금을 지불할 수 없어 커피 농사와 연결된 모든 사람들은 빈곤에 시달릴 수밖에 없어요. 가격이 올라도 상황은 크게 다르지 않아요. 농사를 지으려면 한 해를 계획할 수 있어야 하는데 한 치 앞을 내다볼 수 없으니 농부들은 생산비를 최대한 줄여요. 원가가 높은 맛 좋은 커피 대신 가장 저렴한 방법으로 커피콩을 생산하고, 인부들을 고용하는 일도 점점 꺼리게 되지요. 그 결과 커피 수출에 의존하는 생산국들 경제가 위축될 수밖에요.

전 세계에서 시작된 커피 재배 위기는 마약 재배를 넘어 불법 이민 문제와도 긴밀하게 연결되었어요. 멕시코를 포함한 중앙아메리카 커피 생산국 농부들이 커피 농사를 포기한 후, 불법적으로 미국 땅에 들어가려다 목숨을 잃고 있어요.

커피로 큰돈을 버는 사람들은 커피 생산과는 조금도 관련이 없는 투기 세력이에요. 커피콩으로 돈을 버는 투기 세력이 많아지면 많아질수록 열심히 일하는 커피 농장 사람들은 일자리를 빼앗기고 있어요. 커피 농가의 빈곤 문제가 당장은 커피 생산에만 영향을 미치지만, 이 문제를 그냥 놔두면 마약 재배나 불법 이민과 같은 더 큰 문제로 사회는 혼란에 빠질 거예요.

파차마마의 놀라운 실험

미국 캘리포니아주에 있는 새크라멘토에는 카페 골목이 있어요. 이 골목에는 세계적인 브랜드의 커피숍이 있지만, 맛과 향이 좋기로 인정받은 '스페셜티(특제품) 커피' 전문점이 많기로도 유명해요. 그중에서도 유독 고객들에게 발길이 끊이지 않는 곳이 있어요. 바로 파차마마 커피 협동조합이 만든 카페예요. 이 집의 커피 맛을 한번 본 고객들은 또다시 이곳을 찾아요. 하지만 이 카페가 특별한 이유는 향긋한 커피 때문만은 아니에요. 이곳에서는 새로운 실험이 벌어지고 있거든요.

실험의 비밀은 바로 파차마마 커피 협동조합에 있어요. 이 회사는 커피 농부가 100% 소유하고 있어요. 게다가 회사의 미래를 결정하는 이사회는 전부 농부들로 채워져 있지요. 보통의 경우라면 농부들이 회사를 소유하는 경우도 드물 뿐 아니라, 의사 결정 과정에 참여할 기회조차 주어지지 않는 게 현실이에요. 이러한 이유 때문에 커피 농사를 걱정하는 소비자들과 빈곤에 신음하는 농부들은 파차마마 실험에 관심을 기울였어요. 그럼 이렇게 파격적인 생각은 어디에서 시작된 걸까요?

'커피 농부들의 삶을 진정으로 변화시킬 수 있는 방법은 없을까?'

대학교를 막 졸업한 후, 볼리비아에서 자원봉사를 하던 트레메인은 마음속에 한 가지 물음을 가졌어요. 가난한 국가를 돕겠다며 매년 많은 돈이 개발 도상국으로 흘러 들어오지만, 돈을 쓰는 만큼 효과가 있는지 확신이 서지 않았거든요. 게다가 가장 열심히 일한 사람이 가장 적은 돈을 받는 현실이 부당하다고 생각했어요. 트레메인은 커피 농부가 스스로 빈곤에서 벗어날 수 있는 방법을 찾기 위해 고민에 고민을 거듭했어요.

'그래, 소비자와 커피 농부를 직접 연결해 주는 거야. 그럼 농부가 가져갈 정당한 이익을 빼앗기지 않겠지!'

트레메인은 남미의 페루, 과테말라, 니카라과와 멕시코 그리고 아프리카의 에티오피아에 있는 커피 농가를 돌아다니며 자신의 비전을 이야기했어요. 턱없이 낮아진 커피 가격으로 절망에 빠져 있던 농부들은 새로운 희망을 꿈꾸기 시작했어요. 이 계획에 20만 명의 커피 농부들이 동참하기로 결정했어요.

이 일을 시작하려는 농부들의 마음에는 한 가지 확고한 생각이 있었어요. 그건 바로 자신들이 회사의 주인이 되어야 한다는 것이었어요. 이렇게 파차마마 커피 협동조합이 만들어졌어요. 협동조합은 경제적으로 힘이 약한 사람들이 자신의 이익을 위해 함께 마음을 모아 만든 회사예요. 몇몇 소수에게만 이익이 돌아가는 일반 회사와는 목적부터가 달라요.

커피 농부들은 합의를 통해 회사 규정을 만들고, 협동조합에 참여하는 농민들 중 국가마다 한 명을 이사회로 선출했어요. 이사회는 매년 파차마마에서 발생한 수익을 농부들에게 어떻게 나눌지 결정했어요. 2010년 세계 시장에서 결정된 커피콩 가격은 1kg에 3,500원이었지만, 파차마마에서는 1kg에 10,000원, 거기에다 시장에서 판매된 추가 수익으로 8,000원을 더 받을 수 있었어요. 일반 커피 농부들보다 무려 다섯 배 이상의 수익을 벌게 된 것이지요.

안정적으로 돈을 벌 수 있게 되면서 농부들 사이에는 '맛 좋은 커피로 승부를 보자!'는 뚜렷한 목표가 생겼어요. 커피콩 가격을 금융 시장에 맡겼을 때는 '어떻게 하면 지금보다 더 싼 비용으로 커피콩을 생산할 수 있지?'라며 고민을 했어요. 물론 협동조합에서는 이런 걱정이 사라졌지요. 안정된 수입을 보장받을 수 있게 되면서 농부들은 최고의 커피를 만드는 데만 집중할 수 있었거든요. 그 결과는 놀라웠어요.

"이 커피는 마치 화려한 꽃무늬 노트와 같습니다. 벌꿀과 달콤한 귤, 거기에 갓 베어 낸 삼나무와 카카오 닙스의 바삭함이 느껴집니다."

세계를 돌아다니며 맛있는 커피에 점수를 매기는 케네스 데이비즈 교수는 파차마마의 에티오피아산 커피에 93점이라는 높은 점수를 줬어요. 파차마마 커피 맛을 알아본 건 소비자들도 마찬가지였어요.

"파차마마처럼 농부가 직접 재배한 커피를 마신다는 건 농부들의 노력에 보답하는 거예요. 거기에다 여러 지역에서 온 커피콩이 뒤섞인 커피가 아닌 한 지역에서 생산된 커피를 마시는 거잖아요. 그래서 파차마마 커피는 농부들이 기울였던 사랑과 흙의 맛을 느낄 수 있어요."

파차마마 커피 협동조합은 농부들의 삶에도 변화를 가져왔어요. 커피 판매 수익을 온전히 농부에게 돌려주는 방법은 빈곤을 해결하는 데 큰 역할을 했어요. 몇 년 전까지만 해도 늘어나는 빚에 아이들을 학교에 보낸다는 건 꿈도 꿀 수 없었지만, 이제는 대학교에도 보낼 수 있게 됐지요. 또한 커피 판매 수익 일부는 꾸준히 마을 복지를 위해 사용되고 있어요. 커피 농부들이 얻은 건 이뿐만이 아니에요. 트레메인이 말했어요.

"파차마마 커피 협동조합은 중요한 의미를 가지고 있어요. 농부들 스스로가 자신의 운명을 결정하게 됐다는 거니까요."

파차마마 커피 협동조합이 나아가야 할 길은 아직도 멀기만 해요. 여전히 커피 시장은 금융 자본과 거대한 커피 브랜드가 힘을 가지고 있기 때문이에요. 하지만 파차마마 커피 협동조합은 커피 생산에 가장 중요한 커피콩을 생산하고도 가장 아래에 있어야 했던 농부들의 손을 잡았다는 거예요. 빈곤에 허덕이는 농부들에게 희망이 되고 있답니다.

날씨가 따뜻해지면, 커피가 사라져요

커피는 매우 민감한 작물이에요. 1년 내내 골고루 비가 내려 땅을 촉촉이 적셔야 하고, 너무 덥거나 춥지 않아야 하기 때문에 적당히 높은 지역에서 잘 자라지요. 하지만 최근에는 '기후 변화가 커피 농가를 못살게 군다.'는 우려 섞인 목소리가 곳곳에서 들려오고 있어요.

커피 농부들을 괴롭히는 기후 변화는 어떤 문제들을 가져오고 있을까요?

파울리노 로페즈 얼굴에는 깊은 주름이 새겨 있어요. 그는 초록 잎이 울창하게 자란 산비탈을 헤치며 터벅터벅 걷고 있었어요. 얼마 가지 않아 파울리노는 왼쪽에 있는 커피나무를 가리켰어요. 노란색 점이 박힌 나뭇잎이었지요.

"잎 색깔이 변하고 15일 후면 커피나무가 죽어요."

한창 커피 열매를 맺고 있어야 할 커피나무가 로야라고 불리는 녹병에 걸려 있었어요. 녹병에 걸리면 나뭇잎에는 오렌지색 점들이 생겨나요. 시간이 지나 색이 점점 더 어두워지면 곳곳에 구멍이 뻥뻥 뚫리지요. 붉고 윤기가 도는 커피콩은 탄력을 잃어버리고 회색으로 변해 버려요. 독한 화학 약품을 나무에 뿌리고 잘 관리해 주면

몇 년 후 커피나무가 건강을 되찾을지도 모르지만, 하루 일하고 하루 먹고사는 농민들은 오랜 시간을 버틸 수 없어요.

중앙아메리카에서 발생한 녹병은 이 지역에서 자라는 커피나무 10그루 중 7그루에 퍼졌어요. 녹병이 가져온 결과는 참담했어요. 엘살바도르는 2011년 이후 커피와 관련된 직업 절반이 사라졌고, 니카라과는 2013년 이래로 6만 4천 개의 커피 일자리가 없어졌어요. 게다가 커피 생산량이 절반으로 뚝 떨어져, 커피 농부들과 가족들은 굶주림과 영양실조에 시달리고 있어요.

문제는 기후 변화로 녹병의 피해가 점점 더 커지고 있다는 거예요. 녹병은 따뜻한 곳에서 쉽게 발생하는데 지구의 온도가 점점 더 올라가면서 녹병의 피해는 빠르게 확대되고 있거든요.

일부 기후 전문가들은 기후 변화를 낮추기 위해 노력을 기울이지 않으면 2080년에 지구상의 커피가 사라질 수 있다고 경고했어요.

경제 발전과 성장이 만든 빈곤

공공재는 물, 에너지, 안보처럼

일상에서 꼭 필요한 재화나 서비스를 의미해요.

시민들의 건강하고 안정적인 생활을 위해 매우 중요한 것이어서

대부분의 국가에서는 공공재를 직접 관리해 왔어요.

하지만 최근에 더 큰 경제 발전과 성장을 위해

공공재를 민간 기업에 넘겨야 한다는 주장이 나오고 있어요.

이렇게 해야만 빈곤 문제도 해결할 수 있다면서요.

남아프리카공화국과 인도네시아를 포함한 수많은 나라들은

물 공급을 다국적 기업에 맡겼지요.

하지만 정말 공공재를 기업에 맡기면

경제가 발전하고 빈곤 문제가 해결될까요?

깨끗한 물은 우리에게 사치예요

'물은 21세기의 석유가 될 것인가?'

다큐멘터리 감독 이레나 살리나는 잡지를 읽던 중, 흥미로운 질문과 마주했어요. 기사에선 앞으로 돈을 가장 많이 벌 수 있는 사업 아이템 중 하나로 물을 꼽고 있었거든요. 물로 돈을 번다는 게 무엇을 의미하는지 궁금한 이레나 감독은 직접 답을 찾아 나서 보기로 했어요. 가장 먼저 도착한 곳은 남아프리카 공화국 콰줄루나탈주였어요. 그곳에서 소녀 세실리아를 만났어요.

"엄마는 물을 마신 후에 얼마 지나지 않아 위가 많이 아프다고 했어요. 그러더니 결국 3일 만에 돌아가셨어요."

세실리아 엄마는 집 앞에 흐르는 오염된 강물을 마셨어요. 그런데 설사와 구토를 시작하더니 얼마 지나지 않아 세상을 떠났어요. 적절한 치료도 받지 못한 채 엄마를 떠나보내야 했던 세실리아 표정은 무척이나 어

두웠어요. 남겨진 동생들을 어떻게 돌봐야 할지 앞이 막막했거든요. 세실리아는 천천히 말을 이어 갔어요.

"정부는 우리에게 깨끗한 물을 제공하겠다고 약속했어요. 하지만 물은 공짜가 아니었어요. 비싼 수돗물을 사 먹을 형편이 안 되니 강물을 길어다 마실 수밖에 없었어요. 다른 선택이 없었으니까요."

목숨을 잃은 사람은 세실리아 가족만은 아니에요. 강물을 마신 사람들 중 35만 명이 세실리아 엄마처럼 콜레라에 걸렸고, 그중 300명은 목숨을 잃었어요. 이레나 감독은 의아했어요.

'왜 사람들이 오염된 강물을 마실 수밖에 없었던 걸까?'

이레나 감독은 이 물음에 대한 답을 찾아야겠다고 결심했어요. 비록 길고 긴 여행이 될지라도 말이에요. 그녀는 남아프리카 공화국 수도 요하네스버그의 빈민촌인 오렌지팜으로 향했어요. 아스팔트도 깔려 있지 않아 흙먼지가 폴폴 날리는 도로 양 옆에는 페인트칠이 벗겨진 오래된 집들이 있었어요. 마을 곳곳을 살펴보던 이레나 감독의 눈을 사로잡은 물건이 하나 있었어요. 수도꼭지 옆에 있는 회색 빛깔의 플라스틱 기계였어요. 감독은 마을 주민을 찾아가 이 기계가 무엇인지 물었어요.

"이 구멍에 동전처럼 생긴 토큰을 넣으면 수도꼭지에서 물이 나와요. 자, 물이 나오죠?"

마을 주민이 기계 밑에 있는 작은 구멍에 토큰을 넣으니 수도꼭지에서 깨끗한 물이 콸콸 쏟아져 나왔어요. 기계에서 손을 떼자 언제 물이 나왔냐는 듯 수도가 끊겼어요. 회색 플라스틱 기계의 정체는 돈을 지불한 만큼 물을 쓸 수 있도록 제작된 수도 기계였어요.

예전에 마을 사람들은 필요한 만큼 물을 사용할 수 있었어요. 그러나 이제는 비용을 낸 만큼만 물을 사용할 수 있게 된 거예요. 감독은 자세한 이야기를 들으려고 이 기계를 제작한 회사를 찾아갔어요. 상무 이사인 바실 볼드는 감독 질문에 당연하다는 듯 아주 덤덤한 목소리로 답했어요.

"물을 사용하려면 당연히 돈을 지불해야 합니다. 하지만 사람들은 물은 공짜라며 돈을 내려고 하지 않았어요. 그래서 선 결제 시스템

을 도입한 것이죠."

선 결제 시스템은 그야말로 획기적이었어요. 물을 사용하고도 돈을 내지 않는 사람들이 골칫덩어리였는데, 이제는 돈을 내지 못하면 물을 끊어 버리면 그만이었으니까요. 설득하러 다닐 필요도 없었지요. 선 결제 시스템이 장착된 수도 기계가 들어오면서 남아프리카 공화국에서만 1,000만 명이 넘는 사람들이 물 없이 생활해야 했어요. 짧게는 며칠이었지만, 그중에는 몇 달 동안 깨끗한 물을 마시지 못하는 사람도 있었지요.

오랜 시간 사람들은 '물은 신이 준 선물'이라고 굳게 믿었어요. 필요한 만큼 누구나 마음껏 사용할 권리가 있었으니까요. 하지만 물에 가격이 매겨지면서 돈을 가진 자만 구매할 수 있는 상품으로 변해 버렸어요. 도대체 언제부터 물은 가난한 사람은 살 수 없는 사치품이 된 걸까요?

물이 상품이라고요?

우리나라에서는 더 이상 '더러운 물을 마셔서 목숨을 잃었다.'는 이야기를 들을 수 없어요. 원할 때는 언제든 저렴한 가격으로 정수된 물

을 이용할 수 있으니까요. 하지만 전 세계 모든 나라가 깨끗한 물을 자유롭게 마실 수 있는 건 아니에요. 지구 온난화로 물이 줄어들자, 주변 국가와 물 전쟁을 벌이거나, 정부 예산 부족으로 오염된 수도 시설을 써서 콜레라나 장티푸스 같은 질병에 시달리기도 하거든요. 이렇게 물을 둘러싼 위기가 심각해지자, 세계은행과 국제 통화 기금과 같은 국제 금융 기구는 한 가지 아이디어를 냈어요.

"수도 민영화가 답입니다. 물을 상품으로 만들면 이 모든 문제를 해결할 수 있습니다."

민영화는 국가가 맡아서 운영하던 사업을 민간 기업에 넘기는 것을 뜻해요. 물, 에너지, 대중교통, 도로나 안전과 같은 재화와 서비스를 공공재라고 하는데, 우리 일상에서 반드시 필요하기 때문에 대부분의 나라에서 국가가 운영을 맡고 있어요. 만약 시장에 맡기면 필요한 만큼 생산되지 않거나, 비용이 올라가 가난한 사람들을 소외시킬 수 있기 때문이에요.

그런데 이러한 공공재를 국가가 아닌 민간 기업에 맡기자는 사람들이 있어요. 민간 기업이 운영하면 경쟁을 통해 높은 질의 서비스를 더 낮은 가격에 제공할 수 있고, 국가에서 운영할 때보다 더 많은 이익을 내서 경제 발전에도 도움이 크다면서요. 이 주장대로라면 사람들은 정부가 서비스를 직접 제공할 때보다 훨씬 더 큰 이득을 볼 수 있어요. 그렇다면 지구촌이 겪고 있는 물 위기를 해결하는 것도 시간문제겠지요.

국제 금융 기구는 개발 도상국 정부를 압박하기 시작했어요. 당시, 경제 위기에 허덕이던 국가들은 늘어나는 빚을 갚지 못해 국제 금융 기구에서 돈을 빌려야 했어요. 그러자 국제 금융 기구에선 돈을 빌려주거나, 빚을 탕감해 주는 조건으로 수도 민영화를 내세웠어요. 당장 돈이 급했던 개발 도상국은 어쩔 수 없이 수도 민영화를 받아들여야 했지요. 과연 국제 금융 기구의 말처럼 수도 민영화는 모든 문제를 해결할 수 있었을까요?

"수도 민영화는 삶과 죽음의 문제다!"

2000년, 볼리비아 도시 코차밤바는 화가 난 시민들로 가득 찼어요.

8만 명이 넘는 사람들이 거리로 뛰쳐나오자 정부는 시위대에 최루탄을 발사했어요. 시위가 점차 격해지면서 6명이 숨지고, 175명이 다쳤어요. 시민들이 이토록 분노할 수밖에 없던 이유는 말도 안 되게 치솟은 수도세 때문이었어요. 90년대 후반 경제가 휘청거리자 볼리비아 정부는 돈을 빌려 달라고 세계은행에 요청했어요. 하지만 공짜는 아니었어요. 수도 민영화를 받아들여야 했거든요. 계약 기간은 무려 40년이었어요.

수도 민영화는 재앙이나 다름없었어요. 1년 만에 물값은 300%나 뛰어 올라 소득의 20%를 차지할 만큼 큰 지출을 차지했지요. 비싼 수도 요금을 견디지 못한 시민들은 강물을 퍼 오거나, 빗물을 받아 사용했는데, 기업은 이것마저도 자신들의 것이라며 벌금을 내라고 주장했어요. 결국 시민들이 참고 참았던 분노는 터져 버리고, 시민들은 물 권리를 되찾으려고 물 전쟁을 선포했어요.

수도 민영화가 진행된 국가의 물값은 모두 뛰어올랐어요. 남아프리카 공화국 사람들은 소득의 30%를 수도세로 지불했어요. 인도네시아 자카르타 수도 요금은 민영화 이전인 1997년에는

1,000리터당 140원에 불과했지만 2014년에는 580원으로 올랐어요.

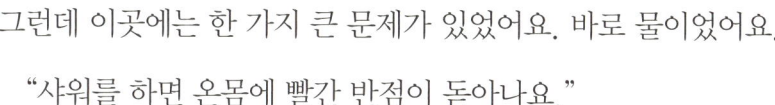

수도 민영화의 문제는 여기에서 그치지 않았어요. 기업들은 더 나은 서비스를 약속했지만, 현실은 달랐어요. 인도네시아 자카르타에 살고 있는 마리아나 리아는 얼마 전 새로 지어진 임대 아파트로 이사했어요. 그런데 이곳에는 한 가지 큰 문제가 있었어요. 바로 물이었어요.

"샤워를 하면 온몸에 빨간 반점이 돋아나요."

수도 민영화가 된 지 20년이 지났지만, 자카르타 수도관 절반에서 물이 새고, 그 구멍을 통해서 오염 물질이 들어가 물은 깨끗하지 않았어요. 여전히 세상 사람들은 이렇게 말해요.

'시장에 모든 것을 맡기면 모두가 잘살 수 있게 된다. 경제가 발전해야 모두가 잘산다.'고 말이에요. 하지만 정말 모든 것을 시장에 맡겨 버리면, 경제가 발전하면 모두가 잘사는

걸까요?

　세상에는 분명 돈으로 사고 팔 수 없는 게 있어요. 물은 인류가 함께 지켜 나가야 할 대표적인 자산이지요. 인간이라면 누구나 자유롭게 물을 사용할 수 있는 권리를 가지니까요. 빈곤에 처한 사람들에겐 물 한 잔조차 맘 편히 마실 수 없는 세상은 결코 정의롭다고 할 수 없어요.

세계 물 시장은 누구 손에 있을까?

　그렇다면 대체 수도 민영화로 누가 이득을 보는 걸까요?
　탄자니아의 다르에스살람에 사는 자넷 길리아드는 남편, 아들 그리고 여동생과 함께 살아요. 네 가족이 빨래를 하고, 요리를 하려면 매일 120리터의 물이 필요해요. 물을 얻기 위해 자넷는 아침부터 물탱크가 실린 커다란 트럭을 기다려요. 트럭이 마을에 도착하면 주민들은 커다란 플라스틱 통을 들고 거리로 우르르 몰려나오지요. 이렇게 트럭에서 물을 사면 수돗물을 쓸 때보다 무려 12배나 더 비싼 돈을 지불해야 해요. 생활비에 쪼들리는 자넷은 큰돈을 쓰는 게 아깝지만, 어쩔 수 없었어요. 그렇지 않으면 세균이 가득한 우물물을 마셔야 하니까요.

자넷의 마을에 수도 시설이 없는 건 아니에요. 문제는 일주일에 두세 번만 수도를 사용할 수 있다는 거예요. 왜 마을 사람들은 마음 편히 수도 시설을 사용할 수 없는 걸까요? 탄자니아에서 수도 사업이 막 시작됐을 무렵 기업은 사람들에게 약속했어요.

"수도 서비스 질을 향상시켜서 지금보다 더 많은 사람들, 그중에서도 가난한 사람들에게 혜택이 돌아가도록 하겠습니다."

그러나 약속과 달리 비싼 수도세를 낼 수 없었던 가난한 사람들은 처음부터 소외됐어요. 더러운 물을 정화하고, 집집마다 수도관을 설치하는 데 사용할 예산 98%는 부유한 지역에 투자됐어요. 결국 민영화 혜택은 비싼 물값을 낼 수 있었던 상위 20%에게만 돌아갔어요. 이렇게 부유한 지역에만 투자가 몰린 이유는 무엇일까요? 미국의 시민 단체인 '식량과 물 감시'의 대표 위노나 호이터는 말했어요.

"민간 기업의 경우에는 높은 수익률을 달성하는 것이 가장 우선하는 목표입니다. 결국 돈을 최대한 벌기 위해 수도세를 올릴 수밖에 없는 거지요."

수도 기업이 물 사업을 시작할 때마다 갈등이 생기는 이유는 '이익을 최대로 만들어야 한다.'는 목적 때문이에요. 국가가 기업을 운영한다면, 사업을 통해 벌어들인 돈은 다시 국민들을 위해 사용되지요. 하지만 민간 기업의 경우에는 회사 주인에게 돌아가요. 회사 소유자는 가능하면 최대 이윤을 얻는 게 목적이기 때문에 손해를 볼 수 있는 곳에는 투자를 꺼리고, 높은 가격을 매겨요.

민간 기업의 횡포를 막을 방법은 없는 걸까요? 수도 관련해서는 민간 기업을 막기가 쉽지 않아요. 왜냐하면 소수의 수도 기업이 전 세계의 수도 시장을 장악하고 있기 때문이지요. 프랑스의 수에즈와 베올리아 그리고 영국의 템스워터는 물 시장의 큰손들이에요. 이 세 회사는 세계 민간 수돗물 공급 시장의 70%를 차지하고 있어요.

이렇게 소수 기업이 특정 상품을 지배하고 있는 상태를 독점이라고 해요. 독점 상태에서는 기업이 모든 걸 결정할 수 있어요. 자신이 원하는 만큼 가격을 올리거나, 비용을 줄이기 위해 투자를 줄일 수 있어요. 이와 달리 여러 기업이 자유롭게 경쟁할 수 있는 완전 경쟁 시장에서라면 선택권은 소비자 손에 달려 있어요. 소비자로부터 선택을 받기 위해 기업은 '어떻게 하면 질 좋은 서비스를 저렴하게 제공할까?'를 끊임없이 고민할 테니까요.

수도 민영화를 반대하는 움직임은 세계 곳곳으로 확대되고 있어요. 아르헨티나의 부에노스 아이레스, 볼리비아의 라파즈, 남아프리카 공화국의 요하네스버그, 탄자니아의 다르에스살람, 인도네시아의 자카르타까지 2000년부터 2014년까지 44개의 도시에서 수도 민영화 사업을 멈추겠다고 선포했거든요.

그런데 안타깝게도 여전히 민영화만이 해답이라고 믿는 사람들이 있다는 거예요. 그 결과 수도를 넘어 다른 분야에서도 민영화가 확대되고 있어요. 그러나 안전사고가 잇따라 발생하면서 사람들의 불안도 커지고 있지요. 철도 민영화가 된 일본에서는 2005년 열차가 탈선하면서 50명이 목숨을 잃고 400명이 넘는 사람이 다쳤어요. 사고를 낸 기관사는 열차 운행이 지연될 경우 받는 징계가 두려웠다고 해요. 민간 기업에 전기 사업이 넘어간 뉴질랜드에서는 무려 3개월 동안 전력이 끊겨 암흑 상태에 빠져야 했어요. 회사가 이윤을 내지 못하자 고장 난 시설을 수리하지 않기로 결정했기 때문이에요.

정말 시장이 모든 것을 해결할 수 있을까요? 공공재는 필요한 사람이라면 누구나 부담스럽지 않은 가격으로 자유롭게 이용할 수 있어야 해요. 게다가 시민들의 건강하고 안전한 삶을 보장할 수 있어야 하고요. 민영화를 선택하기 전에 시민들에게 가장 중요한 건 무엇인지 깊게 고민해 봐야 하는 이유예요.

물을 지켜 낸 우루과이 사람들

이 날은 유독 이른 아침부터 서둘러 발걸음을 옮기는 사람들이 많았어요. 시내 곳곳에는 '10월 31일에는 우리 모두가 우루과이 사람이다!'는 현수막이 걸려 한껏 무거운 분위기를 만들어 냈지요. 투표장으로 향하는 시민들 표정은 한결같이 굳은 결심을 한 듯 보였어요. 하지만 아직 투표 결과를 알 수 없었기에 우루과이 국민은 물론, 국제 금융 기구와 수도 기업들은 조용히 지켜보고만 있었어요.

"국민 투표 찬성 64.6%, 반대 35.4%로 헌법 47조가 수정됐음을 공표합니다. 이로써 국민을 위해 사용되는 수도 공급 서비스는 오직 정부에 의해서만 제공될 수 있습니다."

국민 투표 결과에 우루과이 국민들은 기쁨을 감출 수 없었어요. 다윗과 골리앗의 싸움처럼 보여 큰 기대를 걸지 않았던 국제 사회도 우루과이 국민들이 만들어 낸 결과에 환호를 보내왔어요. 세계적인 시민 단체인 '지구의 친구들'은 대대적인 성명서를 발표했지요.

"다국적 수도 기업에 대항해 인류의 소중한 자원을 지켜 냈습니다. 우루과이의 용기는 전 세계 사람들에게 모범적인 사례가 되고 있습니다. 직접 민주주의의 희망을 보여 준 것입니다!"

2004년, 우루과이 헌법은 인류 역사상 처음으로 '물은 곧 인권'이라는 메시지를 담았어요. 수도 민영화가 세계 곳곳에 퍼져 나가는 상황에 맞서 '우리는 원치 않습니다!'는 목소리를 낸 첫 번째 사례가 됐거든요. 이로써 물은 돈벌이 수단이 아닌 우루과이 국민이라면 누구나 누려야 한다는 것을 보장받게 됐어요.

국민 투표를 성공적으로 치를 수 있었던 데에는 수도 민영화를 실패했던 경험이 크게 작용했어요. 몇 년 전, 말도나도 지역에서 민간 기업이 수도 서비스를 공급했을 당시 수도세는 다른 지역에 비해 무려 7배나 높았어요. 비싼 가격에 사람들은 깨끗한 물을 포기해야만 했지요.

그런데 당시, 이웃 국가인 아르헨티나가 나랏빚을 갚지 못할 정도로 경제 위기 상황에 빠지자, 그 영향으로 남아메리카의 경제가 흔들

리기 시작했어요. 2002년, 수많은 우루과이 사람들은 일자리를 잃었고, 임금은 급격하게 떨어졌어요. 정부는 당장 해외로부터 돈을 빌려 급한 불을 꺼야 하는 다급한 상황에 처했지요. 이때 우루과이 정부가 국제 통화 기금의 총재 호르스트 쾰러에 보낸 편지가 언론에 공개됐어요.

'호르스트 쾰러 총재님께, 아르헨티나 경제 사정의 악화로 인한 우루과이 경제를 회복하기 위해 다음과 같은 전략을 가지고 있습니다. 우리는 그동안 정부가 담당해 왔던 수도 사업을 민간 기업에 넘기도록 하겠습니다.'

편지에는 수도 사업을 포함해 전기, 철도처럼 국민들의 삶에 매우 중요한 사업도 포함되어 있었어요. 돈을 빌리기 위해 또다시 수도 민영화가 진행될지도 모른다는 소식에 시민들은 뭔가 잘못 돌아가고 있다고 느꼈어요. 그러자 수도 민영화에 무관심했던 시민들이 하나둘 마음을 모으기 시작했어요. 당시 캠페인을 이끌었던 물과 생명의 방어를 위한 국가 위원회 대표 아르리아나 마르키시오는 국민 투표의 성공에는 시민 교육이 큰 역할을 했다고 설명했어요.

"수많은 강사들이 학교를 돌아다니며 수도 민영화가 가져올 결과에 대해 학생들에게 교육했어요. 시민들이 민영화를 쉽게 알 수 있도록 책자를 만들어 배포하기도 했지요. 지금도 제 머릿속에 선명하게 남아 있는 한 장면이 있어요. 다섯 명의 시민이 캠페인에 참여하기 위해 먼 시골에서 말을 타고, 농가에서 잠을 자며 교육을 받으러 온 거였어요. 열정이 정말 대단했지요."

국민 투표를 한 지 10년이 훌쩍 넘은 우루과이, 여전히 헌법을 잘 지키고 있을까요?

강당에는 350명이 넘는 사람들이 앉아 서로의 이야기에 귀를 기울이고 있었어요. 어떻게 하면 우루과이 국민 모두가 깨끗하고 안전한 물을 보장받을 수 있을지 아이디어를 모으기 위해서였어요. 이 자리에는 정부 관계자들은 물론 시민 단체와 소비자도 참석해 의견을 나누었어요. 국민 투표를 성공적으로 이뤄 낸 이후, 밝은 미래를 위해서는 무엇보다 시민들의 적극적인 관심이 있어야 한다는 걸 깨달았기 때문이에요.

물론 우루과이 헌법에서 물을 기본권으로 인정했다고 해서 모든 문제가 해결된 건 아니에요. 미래 세대들을 위해 물 자원을 보존하고, 주변 국가와의 물 분쟁을 해결해야 하는 문제가 남아 있기 때문이지요. 하지만 우루과이 국민들의 용기는 사람들 마음에 열정을 지피기에 충분했어요. 2008년에 에콰도르에 이어 2016년에는 유럽 최초로 슬로베니아를 포함해 지금까지 15개 국가의 헌법은 물을 국민의 기본권으로 인정했거든요. 우루과이가 전 세계에 던진 작은 돌은 지금도 잔잔한 물결을 만들어 내고 있답니다.

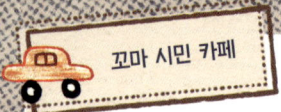

공기 한 캔에 얼마예요?

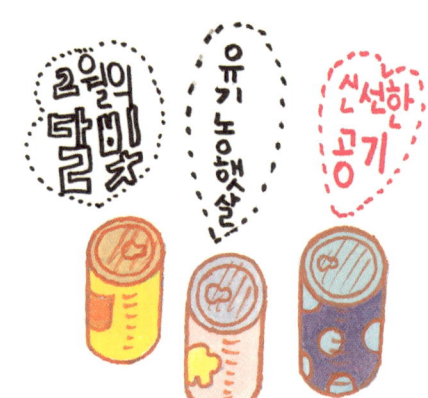

호주 멜버른에 흥미로운 가게가 문을 열었어요.

진열대에 놓인 빈 병 위에는 '2월의 달빛', '유기농 햇살', '100% 신선한

공기'와 같은 제품명과 말도 안 되게 비싼 가격표가 붙어 있었어요.

호기심 가득한 사람들은 병을 열어 냄새를 맡아 보거나, 공기를 들이마셔 보았어요.

하지만 그 누구도 구매를 하지는 않았어요. 가게 밖을 나가면 언제든

따뜻한 햇살을 받고, 신선한 공기를 마실 수 있기 때문이지요.

물론 이 가게는 진짜가 아니었어요. 모든 사람들이 함께 누려야 할 소중한 자원이

상품이 되는 걸 반대하는 캠페인이었거든요. 가게에 들어온 사람들은

공기를 사는 건 바보 같은 일이라고 말했어요. 하지만 공기를 파는 게

진짜 말이 되는 세상이 왔어요.

"처음에는 장난이었어요. 그런데 판매를 시작하자마자, 대기 오염이 심각한

나라에서 주문이 밀려 들었어요."

캐나다의 바이탤러티에어라는 회사는 중국에 판매할 목적으로 로키 산맥의

신선한 공기를 캔에 담아 팔았어요. 호흡을 150번 정도 할 수 있는 공기 한 캔의 가격은 3만 5천 원이나 됐어요. 인기가 없을 거라는 예상과 달리 첫 번째로 수출한 500캔은 4일 만에 전부 팔렸고, 지금은 한 달에 만 캔이나 판매하고 있어요.

공기를 담은 캔이 잘 팔리는 이유는 무엇일까요? 그건 나날이 심각해지는 대기 오염 때문이에요. 미국 환경 단체 보건 영향 연구소 연구를 보면, 2015년에만 미세 먼지로 목숨을 잃은 사람은 420만 명이 넘어요. 우리나라에만 1만 8천 명이나 돼요. 이런 상황에서 깨끗한 공기를 원하는 건 당연한 일일지도 몰라요. 하지만 돈이 있는 사람만 구매할 수 있다면 공정하다고 할 수 있을까요?

공기는 물처럼 우리가 살아가는 데 꼭 필요해요. 그래서 돈을 벌기 위한 '상품'이 아니라, 누구나 소유할 수 있는 '공공재'라고 말하는 거지요.

국가가 환경 정책을 제대로 실시하지 않으면, 지금보다 더 많은 기업들이 공기 시장에 뛰어들 거예요. 그렇게 되면 모두가 누려야 할 소중한 자원을 돈이 있는 사람만 사용하게 될지도 몰라요. 호흡에도 빈부 차이가 존재하는 세상, 우리는 행복할까요?

06

빈곤을 없애기 위해 우리가 할 일

식민지가 만든 잘못된 경제 구조로 여전히 고통받는 인도 사람들,

정부의 잘못된 정책으로 집을 잃은 브라질 사람들,

세계화로 인한 자유 시장에서 보호받지 못해 진흙 쿠키를 먹는 아이티 사람들,

그리고 물이 상품이 되면서 질병에 목숨을 위협받는

남아프리카공화국 사람들까지.

우리는 빈곤을 만들어 내는 사회 구조를 살펴봤어요.

세계의 빈곤을 없애기 위해 내가 할 수 있는 일은 없을까요?

마지막 장에서는 우리 일상에서

빈곤 문제를 해결할 방법을 알아보도록 해요.

세계화 시대, 공정 무역에 관심을 갖고 참여해요

턱없이 낮은 커피콩 가격으로 오늘날 전 세계에 있는 수많은 커피 농부들의 삶은 힘들어졌어요. 하지만 모두가 어려움을 겪어야 했던 건 아니에요. 일부 농부들은 시장 가격보다 더 높은 가격을 받을 수 있었거든요. 그 결과 아이들을 학교에 보내고, 저축도 할 수 있었어요. 그 비밀이 궁금하다고요? 바로 공정 무역이에요.

공정 무역에는 최저 가격제가 있어요. 만약 커피 1kg을 생산하는 데 필요한 원가가 3,000원이라고 가정해 봐요. 병충해가 발생하거나, 가뭄이 들어 커피 수확이 예전 같지 않은 경우 또는 커피 투기로 커피콩 가격이 1,000원으로 떨어질 경우, 농부들은 손해를 보더라도 커피콩을 넘길 수밖에 없어요. 하지만 공정 무역으로 거래를 한다면 농부들은 이미 정해진 가격에 맞춰 커피콩을 판매할 수 있어요. 예를 들어, 어떠한 상황에서도 1kg에 3,500원을 보장하는 거지요. 이렇게 최소한으로 받을 수 있는 금액이 정해져 있기에 농부들은 안정적으로 커피 생산을 이어 나갈 수 있어요.

세계 시민들이 커피를 포함한 공정 무역 제품에 점점 더 관심을 갖게 된다면 세상은 얼마나 더 좋아질까요?

"드디어 대한민국 제1호 공정 무역 학교가 탄생했습니다!"

2016년 4월, 우리나라에 깜짝 놀랄 만한 일이 벌어졌어요. 드디어 공정 무역 학교가 생겼거든요. 바로 서울에 있는 '덜위치칼리지 서울 영국학교'예요. 공정 무역의 가치를 실현하는 데 학교가 중요한 역할을 한다고 믿은 학생들과 선생님들의 노력 덕분이었어요. 공정 무역 학생 위원회의 대표인 학생 데니는 누구보다 공정 무역에 대한 열의가 넘쳤어요.

"처음부터 공정 무역을 잘 알고 있었던 건 아니에요. 하지만 '국제 공정 무역 기구'에서 오신 분 강의를 듣고 나서 관심이 생겼어요. 그리고 더 열심히 알아보고 싶어 학생 대표를 맡게 됐어요. 한국에서 첫 번째 공정 무역 학교가 됐다는 게 아주 자랑스러워요."

공정 무역 학교가 된 덜위치칼리지에는 어떤 변화가 찾아왔을까요?

"공정 무역 커피가 얼마나 맛이 좋은데요."

교사 휴게실에 있는 커피가 모두 공정 무역 커피로 바뀌었어요. 학교 축제 기간에는 부스를 따로 설치해 부모님과 친구들에게 공정 무역 제품을 판매하고 열심히 홍보도 했지요. 공정 무역 학교로 인증을 받은 후, 교내에서 공정 무역 제품을 사용하는 사람이 늘어났어요.

"공정 무역은 왜 필요할까요?"

데니 학생은 공정 무역이 지리나 경제와도 밀접하게 연결되어 있는데, 수업 중에 다뤄지지 않는다는 것을 알게 됐어요. 그래서 직접 선생님을 찾아가 공정 무역에 대해 수업해 달라고 요청했어요. 수업을 통해서 학생들은 공정 무역을 깊이 있게 이해하고, 자신은 무엇을 할 수 있을지 고민해 보는 기회를 갖게 됐어요. 그러자 학생들은 공정 무역에 관심을 갖기 시작했어요. 공정 무역이 뭔지, 왜 필요한지, 어떻게 물건을 구매할 수 있는지 궁금해 하는 학생들이 늘어났지요.

오늘날 공정 무역 학교로 인증을 받으려는 학생들의 노력은 커져가고 있어요. 인증을 받으면, 국내에서만 아니라 해외에서도 세계 시민으로 인정을 받는 것이나 다름없기 때문이에요.

이미 전 세계에는 1,000개가 넘는 공정 무역 학교가 있어요. 우리나라에도 덜위치칼리지 외에도 신성중학교, 부천대학교와 가톨릭대학교가 인증을 받았어요. 여러분이 다니는 학교도 공정 무역 학교로 인증을 받으면 어떨까요?

STEP 1 공정 무역 운영 위원회와 공정 무역 동아리 만들기

운영 위원회는 교직원, 학생 그리고 부모가 함께 만들 수 있어요. 모임을 만든 후, 함께 목표를 세우고 1년에 2회 이상 회의를 가져야 해요. 공정 무역 동아리는 학생들이 자유롭게 만들 수 있어요. 동아리를 만들고 운영 위원회와 함께 지역 사회를 위한 재미있는 행사를 진행해 보세요.

STEP 2 '국제 공정 무역 기구' 한국 사무소에 연락하기

운영 위원회와 동아리가 만들어졌다면, 국제 공정 무역 기구 한국 사무소에 문의를 해 주세요. 어떻게 해야 공정 무역 학교로 인증을 받을 수 있는지 절차에 대한 자세한 안내를 받을 수 있어요. 국제 공정 무역 기구 한국 사무소 홈페이지(fairtradekorea.org)에서 지원서 파일을 내려받아 작성한 후 신청하면 돼요.

STEP 3 학교에서 공정 무역 제품 사용하기

공정 무역 운영 위원회는 학교에서 공정 무역 제품을 사용할 수 있는 방법을 생각해야 해요. 교사 휴게실, 학생 식당, 회의실이나 교실에서 공정 무역 커피, 차, 초콜릿 또는 바나나를 이용하는 것도 좋은 방법이에요. 학생들이 이용하는 매점에서도 공정 무역 제품을 판매할 수

있어요.

STEP 4 SNS에 홍보하기

공정 무역 학교로 인증을 받았다면, SNS에 멋지게 홍보해 보세요. 학교에서 사용하는 공정 무역 제품 사진을 찍어서 올리거나, 동아리나 학급에서 진행된 공정 무역 행사도 소개할 수 있어요. 학교를 알릴 수 있을 뿐 아니라, 공정 무역에 관심을 갖는 학생들이 늘어나면 세상은 점점 더 공정해질 거예요.

국가의 잘못된 정책을 막는 '시민 교육'을 해요

4년에 한 번씩 열리는 올림픽은 전 세계인이 주목하는 대표적인 지구촌 축제예요. 경기를 시청하려고 사람들은 밤을 새기도 하고, 메달 소식이 전해지면 마치 내가 승리한 것처럼 큰 성취감을 느끼기도 하지요.

모두의 주목을 받는 행사인 만큼 국가들은 올림픽을 유치하려고 치열한 경쟁에 뛰어들어요. 올림픽이 열리면 도시를 널리 홍보할 수 있을 뿐만 아니라, 경제적 효과도 톡톡히 누릴 수 있으니까요. 그래서 정부는 남들보다 더 멋진 경기장을 짓고, 더 커다란 호텔을 세워요.

더 많은 외국인 관광객을 끌어들여 돈을 벌기 위해서지요. 상황이 이렇다 보니 대부분의 경우 정부가 처음 계획했던 것보다 예산을 초과해요. 그 결과 화려한 올림픽이 끝난 후, 이미 생계가 빠듯한 국민들에게 엄청난 빚을 떠안기게 되지요.

이 문제를 해결할 수 있는 가장 좋은 방법은 국민이 정부가 세금을 꼭 필요한 곳에 사용하는지 감시하는 거예요. 만일 세금이 지혜롭게 사용된다면 빈부 격차를 줄이고, 행복하다고 느끼는 국민이 늘어나겠지요. 반면, 세금이 낭비되거나 소수를 위해서만 쓰인다면 가난한 사람의 숫자가 증가하고, 불행하다고 느끼는 국민이 많아질 거예요. 어떻게 하면 미래의 주인인 어린이와 청소년들에게 정부의 역할과 중요성을 교육할 수 있을까요?

"학생들이 시민 교육에 관심을 가지려면 무조건 재미있는 방법을 생각해야 해요. 그건 바로 온라인 게임이에요."

미국 최초로 여성 대법관을 지냈던 샌드라 데이 오코너는 퇴임 후에 한 가지 꿈을 꿨어요. 학생들에게 시민 교육을 하는 거였지요. 법관을 지낼 때, 시민들이 정부의 역할을 제대로 알지 못한다는 사실에 하루에도 몇 번씩 좌절감을 느껴야 했어요. 만약 미래의 주역인 학생들에게 정부가 어떻게 돌아가는지 제대로 교육할 수만 있다면, 건강한 민주주의를 만들 수 있을 거라고 확신했어요.

드디어 2009년 '아이시빅스'라
는 온라인 시민 교육 웹 사이트가
세상에 공개됐어요. 웹 사이트에
서 무료로 제공하는 게임을 하다
보면 '개인의 권리와 의무' 그리고
'정부의 역할'을 쉽고 재미있게 배울 수

있어요. 지금까지 20개의 게임이 개발됐어요. '토론 전쟁'에서는 법정에서 사건을 다루기 전에 서로의 의견을 논리적으로 따져 볼 수 있고, '백악관을 차지하라!' 게임에서는 직접 대통령 후보가 돼서 사람들에게 자신의 공약을 설득해야 해요.

그중에는 세금과 관련된 흥미로운 게임도 있어요. 이름은 '시민의 파이'예요. 정해진 세금을 가지고, 교육, 보건, 국방 등 어떤 분야에 얼마의 돈을 사용할지 결정하는 게임이에요. '어디에 가장 먼저 세금을 사용해야 할까?', '만약 정부가 빚을 지게 되면, 국민들에게 어떤 영향을 끼치지?'와 같은 질문을 던지다 보면, 세금 사용이 얼마나 어렵고 복잡한 과정을 거쳐야 하는지 시민들의 행복을 결정하는 데 세금이 얼마나 중요한지 알 수 있어요.

세금 게임이라 지루하고 어렵게만 느낄 수 있을지도 몰라요. 이 게임을 해 본 사람들은 어떻게 느꼈을까요? 미국 학생인 코라 하임은 자신의 블로그에 이렇게 남겼어요.

"정부가 어떻게 세금을 사용하고, 세금이 국민들에게 어떤 영향을 주는지 배웠어요. 국민들을 만족시키려면 어떻게 해야 할지 고민하느라 한참 머리를 굴려야 했거든요. 평소에 생각하지 않던 걸 고민하니까 정말 유익한 거 같아요."

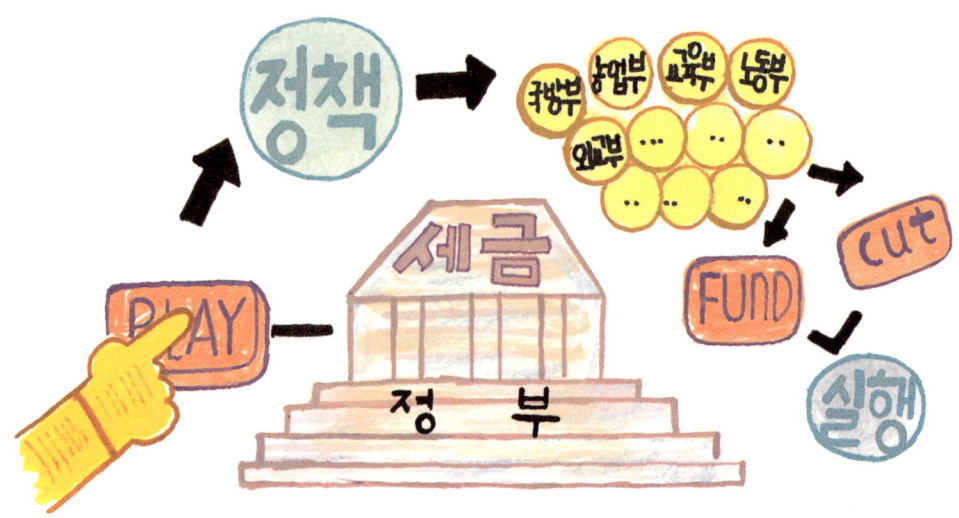

재미와 교육이라는 두 마리 토끼를 잡은 아이시빅스는 미국의 학생들과 선생님들 사이에서 매우 인기가 높아요. 벌써 500만 명의 학생들이 아이시빅스 게임을 하며, 시민과 정부의 역할에 대해 배우고 자신은 무엇을 할 수 있을지 고민하기 시작했거든요. 아이시빅스를 설립한 샌드라 대법관은 이야기해요.

"저는 어린 학생들도 시민 교육에 대한 열의가 있다고 믿어요. 정부의 역할을 이해하고, 세상을 바꿔 더 나은 삶을 꿈꾸기 때문이죠."

온라인 게임을 통한 시민 교육은 건강한 시민을 양성하는 데 목적이 있어요. 건강한 시민이 많아지면 많아질수록 정부의 일에 더 관심을 갖게 될 거고, 그렇게 되면 정부는 시민들을 행복하게 만들기 위해 더 좋은 정책을 만들 수밖에 없을 테니까요. 자, 그럼 게임을 시작해 볼까요?

STEP 1 아이시빅스(icivics.org) 홈페이지에 들어가기

아이시빅스 홈페이지에 들어가면 게임하기(Play) 버튼이 보일 거예요. 여기를 클릭하면 20개의 게임이 떠요. 그중 '시민의 파이(People's Pie)'를 클릭해 주세요.

STEP 2 게임 준비하기

본격적으로 게임하기에 앞서 여러분들은 몇 가지 중요한 사항을 결정해야 해요. 하나는 세금(Taxes)을 얼마나 걷을지 두 번째로는 국민들이 몇 살까지 일을 할지(Entitlements)를 선택하는 거예요. 세금을 낮게 잡으면, 정책에 사용될 돈이 모자라게 될 가능성이 있고, 세금을 너무 높게 잡으면 국민들의 만족도는 떨어지겠죠? 게다가 만일 국민들이 일찍 퇴직하고 복지 혜택을 받으면 만족도가 올라가지만 비용

이 크게 증가할 거고, 늦게까지 일을 하도록 설정한다면 만족도는 떨어지지만 비용을 낮출 수 있어요. 모든 선택을 마쳤다면 정책 수락(Accept policy) 버튼을 눌러 주세요.

STEP 3 게임 시작하기

화면 맨 위에는 얼굴 모양의 아이콘이 있어요. 아이콘은 각 정부 부서를 의미하는데 사회 복지부, 국방부, 농업부, 교육부, 노동부, 외교부 등 총 10개의 부가 있어요. 부서 아이콘을 클릭하면 화면에 창이 뜨는데 거기에는 기본적으로 사용할 예산 외에도 각 부서가 추가적으로 운영하고 싶은 프로그램이 떠요. 프로그램을 읽어 본 후, 예산을 추가적으로 지원할지(Fund) 아니면 지원하지 않을지(Cut) 결정해야 해요. 주의할 점은 국민이 원하는 프로그램에 할당된 예산을 삭감하거나, 필요하지 않다고 생각하는 프로그램을 지원할 때는 국민들의 만족도가 떨어진다는 점이에요. 게임을 할 때에는 남아 있는 예산(Budget Remaining)을 계속 살피면서, 꼭 필요한 곳에만 세금을 사용하도록 조심해 주세요. 과도하게 예산을 사용해 남은 세금이 없다면, 돈을 빌릴 수도(Borrow $100Billion, 천억 원까지 빌릴 수 있어요.) 있어요. 하지만 너무 많은 돈을 빌리면 국민들의 부담이 점점 더 커져서 세금을 내지 않아, 결국 정부는 파산하게 돼요.

게임은 모든 부서의 예산 승인 과정이 끝나면 종료돼요. 한 해가 마무리됐을 때, 국민들의 만족도가 높고, 예산에 큰 부담을 주지 않는다면 다음 해도 게임을 할 수 있어요. 이렇게 최대 3년까지 게임을 계속할 수 있어요. 한 가지 팁으로는 큰돈을 지출해야 하는 부서부터 신중하게 선택을 하는 게 좋다는 거예요. 만약 작은 예산을 가진 부서부터 정책을 결정해 간다면, 나중에는 돈을 빌려야 하는 확률이 더 커지거든요.

역할극 게임으로 다른 사람의 입장을 이해하는 걸 배워요

물이 갈수록 귀해지면서 이제는 '파란 금'이라고 불리고 있어요. 파란 금을 상품으로 만들어 큰돈을 벌려는 기업들도 생겨났지요. 돈을 주고 깨끗한 물을 사 먹을 수 있는 사람에게는 별 문제가 아닐지도 모르지만, 물 산업의 확장은 빈곤에 처한 사람들의 삶을 더 가난으로 밀어내고 있어요.

하지만 결코 문제 해결이 쉽지 않아요. 물 사유화만 하더라도 다양한 이해 집단이 복잡하게 얽혀 있기 때문이에요. 물 민영화 문제를 제대로 이해하고, 해결책을 찾기 위해서는 역할극 게임이 하나의 답이 될지도 몰라요.

역할극 게임은 '이 상황에서 나라면 어떻게 했을까?'라며 끊임없이 질문을 던지게 만들어요. 역할극을 하며 다른 사람들의 입장이 되어, 문제를 다른 각도에서 바라보도록 만들지요. 이 과정에서 학생들은 각기 다른 생각과 감정을 느끼게 될 거예요. 또한 다른 역할의 입장을 들어 보면서 이전에는 한 번도 생각해 보지 못했던 방법을 해결책으로 떠올릴 수도 있어요.

역할극 게임을 이용한 교육은 이미 여러 나라에서 활발하게 이루어지고 있는데, 최근에 난민을 돕는 유엔 난민 기구도 역할극 게임을 만들어 전 세계에 배포했어요. 난민 문제를 풀어 나가는 데 있어서 그들의 상황에 깊게 공감을 하는 게 무엇보다 중요하다고 여겼기 때문이에요. 캐나다에 있는 트리니티 컬리지 학교 학생들은 직접 역할극

게임을 시도해 봤어요.

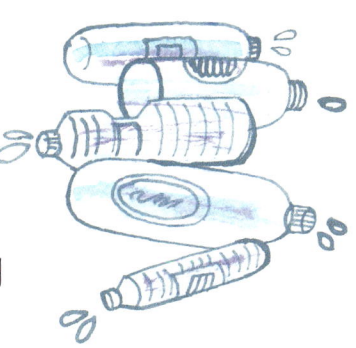

학생들은 난민, 국경 수비대, 통역사, 자원봉사자, 군인 등의 역할을 맡았어요. 그리고 목숨을 걸고 보트를 타고 바다를 건너는 난민들의 상황, 난민을 수용하지 않으려는 국경 수비대 등 주어진 상황 하에서 자신이 맡은 역할을 연기하기 시작했지요. 학생들은 역할극 게임을 통해 무엇을 느꼈을까요? 학생 리더인 수코 베헤가 이야기했어요.

"역할극 게임은 현재 시리아 상황을 이해하는 데 정말 좋은 기회였어요. 물론 짧은 시간에 진행된 역할극으로 시리아 난민들이 겪어야 하는 상황을 전부 이해했다고 말할 수는 없지만 말이에요. 이 기회를 통해 어떻게 하면 세상을 바꿀 수 있을지 친구들과 아이디어를 나누었어요."

수도 민영화도 역할극 게임의 아주 좋은 소재가 될 수 있어요. 역할극 게임을 통해 물이 상품이 될 경우 어떤 문제가 발생할 수 있는지, 왜 개발 도상국이 물 사유화를 거절하는 데 어려움을 겪고 있는지, 물에 대한 권리를 되찾기 위해서는 어떤 아이디어가 있는지, 상품이 될 수 있는 것과 상품이 될 수 없는 것을 나누는 기준은 무엇인지 이해할 수 있어요.

STEP 1 수도 민영화가 무엇인지 알아보기

역할극 게임을 하기에 앞서, 수도 민영화에 대해 친구들과 함께 공부해 봐요. 이 책의 5장을 읽거나, EBS의 영상 중 '지식채널e 블루 골드 상수도 민영화' 편을 보면 관련된 기초 내용을 이해할 수 있어요.

STEP 2 역할극의 배경 만들기

여러분은 지금 비올라떼라는 이름의 도시에 살고 있어요. 비올라떼는 한때 깨끗한 물로 유명한 곳이었지만, 강 주변에 공장이 생기고, 도시

에 인구가 늘어나면서 물이 점점 오염되고 있어요. 정부는 수도 시설을 개선하려고 계획 중이지만, 돈이 많이 들어 큰 고민에 빠졌어요. 수도 시설을 새로 짓는다면 교육, 치안, 의료에 사용될 예산을 줄일 수밖에 없기 때문이에요. 하지만 주민들의 건강한 삶을 위해서 깨끗한 물을 포기하는 것도 어려운 문제였어요. 이때 검은 양복을 입은 사람이 시장을 찾아와요. 그는 시장에게 한 가지 제안을 했어요. "이 마을의 물을 공급하는 권리를 사고 싶습니다. 우리 회사에 그 권리를 넘긴다면 수도 시설에 투자를 해 깨끗한 물을 시민들에게 공급하겠습니다. 그리고 투자 수익이 발생하면 비올라떼시의 재정에도 도움이 될 겁니다." 이 이야기를 들은 시장은 도저히 혼자 결정할 수는 없었어요. 그래서 수도 민영화와 관련된 사람들과 함께 '타운홀 미팅'을 진행하기로 결정했지요. 타운홀 미팅은 시민이면 누구든지 참가해 자기 의사를 밝히며 투표로 결정하는 회의 방식이에요. 과연 시민들은 선택은 무엇일까요?

STEP3 역할 정하기

미리 준비해 놓은 역할 카드를 뽑아 자신의 역할을 결정해 주세요. 반의 규모에 따라 한 역할 당, 최소 2-3명의 친구가 한 팀이 될 거예요. 각 팀은 10분 동안 자신들의 역할과 입장을 충분히 생각해 주세요. 다른 팀들은 무엇을 주장할지도 고민해 보고, 그 주장이 타당하지 않은

지 그 이유도 함께 정리해 주세요.

• 시장: 수질 악화로 시민들의 건강이 악화될까 봐 우려하고 있어요. 하지만 동시에 교육, 의료, 치안에 사용될 예산이 줄어들어 시민의 비난을 받고 다음 선거에서 당선되지 못할까 봐 눈치를 보고 있어요.

• 도시 상수도 직원: 다국적 수도 기업이 도시에 들어오면 일자리를 빼앗길까 봐 걱정하고 있어요.

• 다국적 수도 기업 대표: 최대의 이윤을 차지하는 게 목적이에요. 비올라떼에서 수도 사업을 시작할 경우, 수익의 80%를 챙겨 갈 계획을 세우고 있어요. 수도 기업이 많지 않아 비올라떼 시가 자신의 제안을 거절하기 어려울 거라는 점을 잘 알고 있어요.

• 세계은행 직원: 도시의 재정을 좋게 하려면, 정부가 아닌 민간 기업이 수도 사업을 해야 한다고 주장해요. 수도 시설을 지을 때 돈이 필요해도 민영화를 하지 않으면 절대 빌려주지 않아요.

• 수도 민영화에 찬성하는 주민 1: 깨끗한 물을 마시는 게 가장 중요해요. 물을 살 수 있는 돈도 충분히 가지고 있어요.

• 수도 민영화에 찬성하는 주민 2: 정부를 신뢰할 수 없어서 민간 기업이 들어오기를 원해요. 비올라떼의 수질이 나빠진 건 정부의 잘못된 정책이 원인이라고 알고 있어요.

• 수도 민영화에 반대하는 주민 1: 물은 기본권이라고 생각해요. 모

든 시민의 삶에 영향을 주는 문제인 만큼 수도 운영권을 판매하는 건 있어서는 안 되는 일이라고 주장해요.

• 수도 민영화에 반대하는 주민 2: 비싼 수도세를 감당할 수 없어요. 수도세가 올라간다면 오염된 강물을 마실 수밖에 없어요.

STEP 4 타운홀 미팅 시작하기

회의가 시작되면, 사회자는 역할의 대표들을 가운데로 모아 줘요. 이후 사회자는 역할 대표들이 자신의 입장을 설명하도록 안내해 주세요. 대표들의 입장 발표가 모두 끝난 후, 사회자는 대표들이 서로에게 질문을 던지고, 반박할 수 있는 기회를 제공해 주세요. 타운홀 미팅은 20분 안에 끝내고, 이후 모든 참가자들은 물 민영화를 진행할지 아니면 거부할지 투표에 참여해야 해요. 사회자는 투표 결과를 알려 줘요.

STEP 5 느낌 나누기

회의가 끝나면, 교실 중앙에 모두 모여 주세요. 주어진 역할을 하면서 무엇을 느꼈는지, 토론 과정에서 가장 중요하게 생각한 것은 무엇인지, 역할극 게임을 하면서 무엇을 깨달았는지, 투표 결과를 수긍할 수 있는지 등등에 관해서 자유롭게 의견을 공유해 보세요.

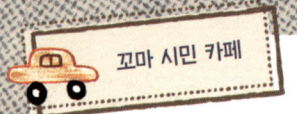
꼬마 시민 카페

'지속 가능한 발전 목표', 우리 모두의 꿈!

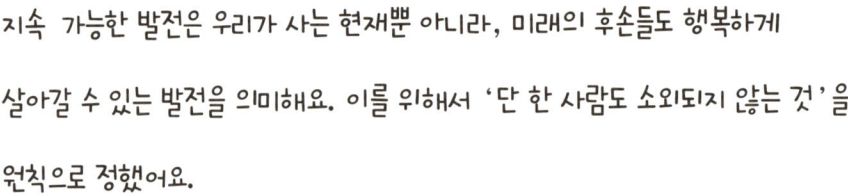

2015년 전 세계에 있는 유엔 회원국들이 중요한 결정을 위해 한자리에 모였어요. 2030년까지 국제 사회가 함께 이룰 '지속 가능한 발전 목표'의 내용을 합의하기 위해서였지요.

지속 가능한 발전은 우리가 사는 현재뿐 아니라, 미래의 후손들도 행복하게 살아갈 수 있는 발전을 의미해요. 이를 위해서 '단 한 사람도 소외되지 않는 것'을 원칙으로 정했어요.

'지속 가능한 발전 목표'가 있기 전에도 지구촌의 빈곤 문제를 해결하기 위한 목표가 있었어요. 하지만, 빈곤은 가난한 나라의 문제라고만 여겼고 경제만 성장한다면 모든 문제가 해결될 거라 생각했지요. 그 결과 절대적 빈곤에서 벗어난 사람들은 증가했지만, 모든 문제가 해결된 건 아니었지요.

개발 도상국과 선진국에서 모두, 경제 발전의 성과가 골고루 나누어지지 않아 가난한 사람과 부유한 사람의 격차가 심각하게 벌어졌거든요.

거기에 무차별적인 환경 파괴가 발생했지요.

이대로 가다간 인류가 더 큰 위험에 빠지겠다 싶어 국제 사회는 17개의 목표를 담은 '지속 가능한 발전 목표'를 채택했어요.

목표를 달성하기 위해 지구촌 사람들은 2030년까지 함께 열정을 다해야 해요.

지금부터 목표 하나하나를 살펴보고, 더 나은 세계를 위해 나는 무엇을 할 수 있을지 고민해 봐요. 그럼 어떤 목표가 있는지 함께 알아볼까요?

1. 빈곤 없는 세상
2. 기아 없는 세상
3. 건강한 세상
4. 양질의 교육
5. 양성 평등!
6. 깨끗한 물과 위생
7. 지속 가능한 에너지
8. 일자리와 경제 성장
9. 사회 기반 시설과 산업화
10. 국가 내외 불평등 No!
11. 지속 가능한 도시와 공동체
12. 지속 가능한 소비, 생산 양식
13. 기후 변화 대책
14. 해양 생태계 보존
15. 육상 생태계 보존
16. 평화와 정의를 위한 제도
17. 지구촌 협력

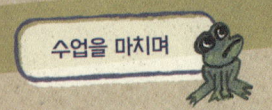 수업을 마치며

미래의 빈곤은 어떤 모습일까?

 2016년, 세계 경제 포럼 회장인 클라우스 슈밥 교수는 새로운 시대에 살아가기 위해서 우리 모두 단단히 준비해야 한다고 힘껏 외쳤어요. 4차 산업 혁명이 시작되면 다양한 기술들이 융합되면서 전에 없던 새로운 세상이 펼쳐질 테니까요. 앞으로는 우리가 원하는 시간에 자동차가 문 앞으로 달려와 대기하고, 요리사들은 냉장고에 채소의 상태를 물어볼 거예요. 어쩌면 인공 지능 컴퓨터가 여러분들의 숙제를 대신하게 될지도 몰라요. 이런 세상이 빨리 다가왔으면 좋겠지요? 그런데 기술 발전을 우려하는 목소리가 곳곳에서 터져 나오고 있어요.

 "가난한 사람과 부유한 사람 사이의 정보 격차는 불평등을 심화 시킬 겁니다."

 유엔의 경고는 벌써 심각한 사회 문제로 떠오르고 있어요. 인터넷을 사용할 수 있는 사람이 늘어났지만, 인류의 절반은 여전히 인터넷에 접근할 수 없거든요. 자세히 들여다보면 지역마다 큰 차이가 있다는 것도 알 수 있어요. 선진국이 몰려 있는 유럽에서는 10명 중 7명이

인터넷을 사용하지만, 아프리카 대륙에는 오직 2명만 이용할 수 있어요. 뿐만 아니라 인터넷 속도는 우리나라가 아프리카 대륙에 비해 14배나 빨라요. 하지만 이런 정보 격차는 과연 개발 도상국만의 문제일까요?

"아 드디어 인터넷 잡았다. 이제 숙제할 수 있어."

미국에 사는 12살 토니와 11살 이사벨라는 숙제를 하기 위해 매일 밤마다 초등학교 근처를 서성이고 있어요. 숙제를 하려면 홈페이지에서 자료를 내려받아야 하는데 집에는 인터넷이 안 되거든요. 엄마는 일자리를 구하지 못했고, 식당에서 보조를 하는 아버지의 수입만으로 인터넷을 사용하는 건 사치이기 때문이에요. 아이들의 엄마는 학년이 올라갈수록 아이들이 수업을 따라가지 못하게 될까 걱정하고 있어요. 이렇게 정보 격차는 개발 도상국에서만 아니라 선진국에서도 커다란 문제로 떠오르고 있어요.

정보 격차가 계속 벌어진다면 세상은 어떤 모습이 될까요?

　일자리를 구하지 못해 생존에 영향을 받는 사람들이 늘어날 거예요. 그동안 개발 도상국 노동자들은 선진국보다 낮은 임금을 받아, 기술력이 없어도 공장에서 일자리를 얻을 수 있었어요. 하지만 앞으로는 로봇 숫자가 크게 증가해 이들의 일자리를 크게 위협할 거라는 전망이 돌고 있어요. 국제 노동 기구는 앞으로 20년 동안 아시아 대륙에 사는 노동자 1억 3,700만 명이 일자리를 잃을 수 있다고 경고했거든요.

　정보 격차가 줄어들지 않는다면, 기술을 가진 사람들과 선진국은 빠르게 성장하겠지만, 가난한 사람들과 개발 도상국은 점점 더 뒤처질 거예요. 그렇게 된다면 세상은 지금보다 더 가파르게 기울어지게

되겠지요. 여러분도 이런 세상을 그리는 건 아니지요?

다행인 건 국제 사회가 정보 격차를 줄이기 위해 머리를 맞대고 있다는 점이에요. 유엔은 지속 가능한 발전 목표에서 '가난한 나라의 정보 통신 기술을 크게 증가시키고, 2020년까지 저렴한 가격으로 인터넷 사용을 가능하게 한다.'는 것을 목표로 넣었어요. 돈을 가진 사람뿐만 아니라 인류라면 누구나 인터넷을 자유롭게 사용하고, 그 혜택을 누릴 수 있어야 한다는 의미이지요.

그렇다면 다가오는 미래의 빈곤을 해결하기 위해 우리는 무엇을 할 수 있을까요? 빈곤을 만드는 사회 구조에 관심을 갖고, 정부 정책이 공익을 위하는지를 살펴야 해요. 다국적 기업과 세계화, 자유 시장 구조에 억압받는 경제 구조에서 벗어나는 데 우리가 할 수 있는 일은 무엇인지를 끊임없이 고민하세요. 마지막으로 "내가 살고 싶은 세상은 어떤 모습인가?"를 물으며 그 답을 찾는 과정에서 세상을 바꾸는 아이디어가 샘솟을 거예요.

세계 시민 수업 ❻ 빈곤
풍요의 시대, 왜 여전히 가난할까?

초판 1쇄 발행 2018년 8월 14일 | **초판 4쇄 발행** 2021년 7월 15일
글쓴이 윤예림 | **그린이** 정문주
펴낸이 홍석 | **이사** 홍성우
편집부장 이정은 | **편집** 차정민 · 이은경 | **디자인** 권승희
마케팅 이가은 · 이송희 · 한유리 | **관리** 최우리 · 김정선 · 정원경 · 홍보라 · 조영행
펴낸곳 도서출판 풀빛 | **등록** 1979년 3월 6일 제2021-000055호
주소 서울특별시 강서구 양천로 583 우림블루나인 A동 21층 2110호
전화 02-363-5995(영업) 02-362-8900(편집) | **팩스** 070-4275-0445
전자우편 kids@pulbit.co.kr | **홈페이지** www.pulbit.co.kr
블로그 blog.naver.com/pulbitbooks | **인스타그램** instagram.com/pulbitkids

ⓒ 윤예림, 정문주 2018
ISBN 978-11-6172-085-2 74330
ISBN 978-89-7474-114-3 (세트)

사진 저작권 11쪽 ⓒ joyfull / Shutterstock.com / Shutterstock.com 30쪽 ⓒ CRS PHOTO / Shutterstock.com
71쪽 ⓒ Attila JANDI / Shutterstock.com 90쪽 ⓒ Martchan / Shutterstock.com 110쪽 ⓒ bonga1965 / Shutterstock.com

이 도서의 국립중앙도서관 출판시도서목록(CIP)은 서지정보유통지원시스템 홈페이지(http://seoji.nl.go.kr)와
국가자료공동목록시스템(http://www.nl.go.kr/kolisnet)에서 이용하실 수 있습니다.
(CIP제어번호: 2018021046)

＊지은이와 협의해 인지는 생략합니다.
＊책값은 뒤표지에 표시되어 있습니다.
＊파본과 잘못된 책은 구입처에서 교환해 드립니다.

품명 아동 도서 **제조년월** 2021년 7월 15일
사용연령 10세 이상 **제조자명** 도서출판 풀빛
제조국 대한민국 **연락처** 02-363-5995
주소 서울특별시 강서구 양천로 583 우림블루나인 A동 21층 2110호
주의사항 종이에 베이거나 긁히지 않도록 조심하세요.
책 모서리가 날카로우니 던지거나 떨어뜨리지 마세요.
KC마크는 이 제품이 공통안전기준에 적합하였음을 의미합니다.